E. M. CIORAN

Geschichte und Utopie

KLETT-COTTA

Autorisierte Übersetzung aus dem Französischen von
Kurt Leonhard
Die Originalausgabe erschien unter dem Titel
»Histoire et utopie«

Zweite Auflage, 1979

Printed in Germany
Umschlaggestaltung: Heinz Edelmann
Druck: Gutmann & Co., Heilbronn
ISBN 3-12-901781-X

INHALT

ZWEI GESELLSCHAFTSFORMEN

Brief an einen fernen Freund

Du schreibst mir aus dem Lande, das einmal unser war und nun keinem mehr gehört. Du drängst mich, Dir nach so vielen Jahren des Schweigens Einzelheiten über meine Beschäftigungen mitzuteilen, und auch über diese »wundervolle« Welt, in der, sagst Du, ich das Glück habe zu wohnen und herumzukommen. Ich könnte antworten, daß ich ein beschäftigungsloser Mann bin und daß diese Welt gar nicht wundervoll ist. Doch eine so lakonische Antwort würde trotz ihrer Richtigkeit weder Deine Wißbegier stillen noch den vielen Fragen, die Du mir vorlegst, Genüge tun. Besonders betroffen hat mich eine von ihnen, die schon fast einem Vorwurf gleichkommt. Du möchtest wissen, ob ich die Absicht hege, eines Tages zu unserer eigenen Sprache zurückzukehren, oder ob ich der anderen treu zu bleiben gedenke, in welcher Du mir ganz unbegründeterweise eine Leichtigkeit unterstellst, die ich nicht habe und nie haben werde. Es käme dem Bericht eines Alptraums gleich, wollte ich Dir im einzelnen die Geschichte meines Verhältnisses zu diesem geliehenen Idiom erzählen, zu allen diesen durchdachten und immer wieder durchdachten Wörtern, die bis zur Nichtexistenz verfeinert, verdünnt, unter das Joch der genauen Nuance gebeugt wurden, ausdruckslos, weil sie schon alles ausgedrückt haben, erschreckend in ihrer Präzision, mit Müdigkeit und Scham beladen, diskret noch in den Bereichen des Vulgären. Wie soll ein Skythe sich ihnen anpassen, wie soll er ihre klare Bedeutung erfassen und sie gewissenhaft und rechtschaffen handhaben? Da ist kein einziges, dessen ausgelaugte

Eleganz mir nicht ein Schwindelgefühl verursacht: nirgends mehr an ihnen eine Spur von Erde, von Blut, von Seele. Eine Syntax von einer solchen Steifheit, einer so leichenhaften Würde hält sie umklammert und weist jedem seinen Ort an, daß Gott selbst sie nicht mehr umquartieren könnte. Welcher Verbrauch an Kaffee, Zigaretten und Wörterbüchern, um auch nur einen einigermaßen richtigen Satz in dieser unnahbaren, für meinen Geschmack allzu noblen, allzu distinguierten Sprache schreiben zu können!

Leider bemerkte ich das erst nachträglich, als es schon zu spät war, mich von ihr zu lösen; sonst hätte ich die unsere nie aufgegeben, nach deren Geruch von Frische und Fäulnis ich mich manchmal zurücksehne, nach diesem Gemisch von Sonne und Kuhmist, dieser wehmütigen Häßlichkeit, dieser prachtvollen Schlamperei. Zu ihr zurückkehren kann ich nicht, die andre, die ich an ihrer Stelle annehmen mußte, hält mich fest und unterjocht mich noch durch die Mühen, die sie mich immer wieder kostet. Bin ich ein »Renegat«, wie Du mir zu verstehen gibst? »Das Vaterland ist nur ein Zeltlager in der Wüste«, heißt es in einem tibetanischen Text. Ich gehe nicht so weit: ich gäbe alle Landschaften der Welt für die meiner Kindheit hin. Immerhin, muß ich hinzusetzen, wenn ich ein Paradies daraus mache, sind die Zaubertricks oder schwachen Stellen meines Gedächtnisses daran schuld. Verfolgt werden wir alle von unseren Ursprüngen; die Empfindung, die mir die meinigen einflößen, läßt sich zwangsläufig nur in negativen Ausdrücken wiedergeben, in der Sprache der Selbstbestrafung, der freiwilligen und öffentlich bekundeten Demütigung, der Zustimmung zum Unheil. Sollte für eine derartige Vaterlandsliebe die Psychiatrie zuständig sein? Ich gebe es zu, aber eine andere kann ich mir nicht vorstellen, und angesichts unserer Geschicke – warum sollte ich es Dir verbergen? – erscheint sie mir als die einzig vernünftige.

Du bist glücklicher als ich, Du hast dich mit dem Staub unseres Geburtslandes zufrieden gegeben; außerdem besitzt Du die Fähigkeit, alle Regierungsformen zu ertragen, einschließlich der starrsten. Nicht als ob Du nach der Unordnung des freien Beliebens kein Heimweh hättest; aber im ganzen genommen kenne ich niemand, dessen Geist gegen den Zauber der »Demokratie« so gefeit wäre wie der Deine. Allerdings gab es eine Zeit, wo ich ebensoviel, wenn nicht noch mehr Abscheu davor hatte wie Du: ich war jung, ich konnte keine anderen Wahrheiten zulassen als die meinigen und keinem Gegner das Recht einräumen, die seinigen zu haben, sich mit ihnen hervorzutun und sie zur Geltung zu bringen. Daß Parteien einander gegenübertreten könnten, ohne sich gegenseitig zu vernichten, dies überstieg meine Begriffsmöglichkeiten. Die parlamentarische Regierungsform betrachtete ich als eine Schande unseres Geschlechts, als das Symbol einer blutarmen Menschheit, die weder Leidenschaften noch Überzeugungen mehr besaß und zum Absoluten unfähig war, zukunftslos, in jeder Hinsicht beschränkt, unfähig, sich auf die Höhen jener Weisheit zu erheben, die mich lehrte, das Ziel einer Diskussion sei die Zermalmung des Widersachers. Dagegen erschienen mir die Systeme, die sie abschaffen wollten, um sich an ihre Stelle zu setzen, ohne Ausnahme *schön*, in Übereinstimmung mit der Bewegung des Lebens, das damals meine Gottheit war. Ich weiß nicht, ob ich einen, der vor seinem dreißigsten Jahr nicht der Faszination aller Formen des Extremismus unterlag, bewundern oder verachten, ob ich ihn als einen Heiligen oder als einen Kadaver betrachten soll. Hat er sich nicht mangels biologischer Kraftquellen entweder über oder unter das Niveau der Zeit gestellt? Doch ob seine Unangepaßtheit positiv oder negativ zu bewerten sei, gleichviel! Wenn er weder den Wunsch noch den Willen kennt, etwas zu zerstören, ist er verdächtig, hat er über den Dämon triumphiert oder, was schlimmer wäre, er war nie von ihm besessen. Wahrhaft leben heißt die andern ablehnen; um sie zu akzeptieren, muß man verzichten können, sich Gewalt antun, gegen seine eigne Natur handeln, *schwach werden;* die Freiheit läßt sich nur für die eigne Person begreifen; nur auf Kosten erschöpfender Anstrengungen läßt sie sich auf die Mitmenschen ausdehnen; daher ist der Liberalismus so gefährdet: er bedeutet eine Herausforderung an unsere Instinkte, ein kurzes, wundergleiches Gelingen, einen Ausnahmezustand am Gegenpol unserer tiefverwurzelten Imperative. Wir sind dazu von Natur aus ungeeignet: nur die Abnützung unserer Kräfte kann uns dafür bereit machen. Elend eines Geschlechts, das erst erschlaffen muß, um sich zu veredeln und dessen Angehörige erst nach einem vorzeitigen Kräfteverfall »humanen« Prinzipien Opfer bringen. Toleranz ist eine Auswirkung erloschener Glut und verlorenen Gleichgewichts, nicht aus Überfluß, nein, aus Mangel an Energie; darum kann sie junge Menschen nicht verlocken. Man mischt sich nicht ungestraft in politische Kämpfe; dem Kultus, dessen Gegenstand die Jugend war, verdankt unsere Epoche ihr mordlustiges Gebaren: die kürzlich erlebten Katastrophen gehen von den Jungen aus, von ihrer Leichtigkeit, sich eine Irrlehre zu eigen zu machen und sie in die Tat umzusetzen. Gebt ihnen nur die Hoffnung oder die Aussicht auf ein Blutbad, und sie werden euch blind folgen. Wenn man aus dem Knabenalter herauswächst, ist man notwendigerweise fanatisch; ich bin es auch gewesen, bis zur Lächerlichkeit. Erinnerst Du dich an jene Zeit, als ich frivole Brandsprüche losließ, weniger aus Lust am Skandal als aus dem Bedürfnis, ein Fieber zu kühlen, das mich ohne das Ventil der Wahnsinnsworte unweigerlich verzehrt hätte? Da ich überzeugt war, daß die Schäden unserer Gesellschaft von den Alten kämen, setzte ich mir in den Kopf, daß alle Bürger, die das vierzigste Jahr überschritten haben, liquidiert werden müßten, denn dieses Lebensalter erschien mir als der Anfang der Sklerose und der Mumifizierung, als der Wendepunkt, hinter dem jedes Individuum eine Beleidigung für die Nation sei und der Gesamtheit zur Last falle. So großartig erschien mir dieser Plan, daß ich nicht zögerte, ihn zu verbreiten; die daran Interessierten waren nicht besonders entzückt und nannten mich einen Kannibalen: meine

Laufbahn als öffentlicher Wohltäter begann unter ärgerlichen Vorzeichen. Du selbst, der Du doch so großzügig und, wenn Du willst, so unternehmend bist, Du hast mich mit Vorbehalten und Einwänden dazu bewogen, aufzugeben. War mein Plan verdammenswert? Er stellte ganz einfach das dar, was jeder Mensch, der sein Vaterland liebt, auf dem Grunde seines Herzens wünscht: die Vertilgung der Hälfte seiner Mitbürger.

Wenn ich an diese Momente eines wütenden Enthusiasmus zurückdenke, an diese unsinnigen Spekulationen, die meinen Geist verheerten und umnebelten, dann schreibe ich sie heute nicht mehr den Träumen von Philantropie und Zerstörung zu, nicht mehr der Besessenheit von irgendeiner Reinheitsvorstellung, sondern einer tierischen Traurigkeit, die sich unter der Maske der Inbrunst verbarg und sich auf meine Kosten entfaltete, obgleich ich ihr verbündet war und froh, nicht wie so viele andere zwischen der Lauheit und dem Grimm wählen zu müssen. Der Grimm war das mir zugefallene Los, was hätte ich Besseres wünschen können? Ich hatte eine wölfische Seele, meine Wildheit nährte sich aus eigener Kraft, sie befriedigte meine Neigung, schmeichelte mir: ich war mit einem Wort der glücklichste der Wolfsmenschen. Den Ruhm strebte ich zwar an, lehnte ihn aber im gleichen Moment ab: ist er einmal errungen, was für einen Wert hat er, sagte ich mir, da er uns ja nur bei den mitlebenden und künftigen Generationen kenntlich macht und zur Geltung bringt, uns aber von der Vergangenheit ausschließt? Wozu ist es gut, bekannt zu sein, wenn man es nicht für diesen Weisen oder für jenen Narren gewesen ist, einen Mark Aurel oder einen Nero? Für so viele unserer Idole werden wir nie existiert haben, unser Name wird keines der vor uns abgelaufenen Jahrhunderte in Verwirrung gebracht haben; und was liegt an denen, die nach uns kommen? Was liegt einem, der in die Ewigkeit vernarrt ist, an der Hälfte der Zeit, an der Zukunft?

Wie, durch welche inneren Kämpfe ich dazu gelangte, mich von soviel Tollheiten zu befreien, das werde ich Dir nicht auseinandersetzen, es wäre zu lang; dazu bedürfte es einer jener endlosen Diskussionen, deren Geheimnis der Balkan besitzt – oder vielmehr besaß. Wie auch meine Gewissenskämpfe verlaufen sein mögen, sie waren weit davon entfernt, die einzige Ursache für die Wandlung meiner Einstellung zu sein; einen großen Anteil daran hatte ein natürlicheres und schmerzhafteres Phänomen, das Alter, mit allen seinen Symptomen, über die es keine Täuschung gibt: ich fing an, mehr und mehr Anzeichen von Toleranz an mir zu bemerken, die mir irgendeine innere Umwälzung anzukündigen schienen, irgendein zweifellos unheilbares Leiden. Was mich am meisten beunruhigte, war, daß ich nicht mehr die Kraft hatte, einem Feinde den Tod zu wünschen; ganz im Gegenteil, ich hatte Verständnis für ihn, verglich seine Gehässigkeit mit der meinen: er existierte, und – namenloser Verfall – ich war zufrieden, daß er existierte. Mein Haß, diese Quelle meiner Wonnen, beruhigte sich, schrumpfte von Tag zu Tag, er schwand in die Ferne und trug das Beste meiner selbst mit sich fort. Was tun? Welchem Abgrund gleite ich entgegen? so fragte ich mich unaufhörlich. Im selben Maße wie meine Energie absank, trat meine Neigung zur Duldsamkeit hervor. Ein für alle Male, ich war nicht mehr jung, der *andre* erschien mir begreifbar und sogar wirklich. Ich nahm Abschied vom *Einzigen und seinem Eigentum*; die Weisheit lockte mich: war es aus mit mir? Soweit muß man sein, um ein *aufrichtiger* Demokrat zu werden. Zu meinem Trost bemerkte ich, daß dies bei mir nicht ganz und gar der Fall war, daß ich mir noch Spuren von Fanatismus bewahrt hatte, einige Reste von Jugendlichkeit: ich ließ mir von keinem meiner neuen Prinzipien etwas abhandeln, ich war ein *unbelehrbarer* Liberaler. Ich bin es noch immer. Tröstliche Unvereinbarkeit, rettender Widersinn. Manchmal strebe ich danach, das Musterbeispiel eines vollkommen Gemäßigten zu bieten: gleichzeitig beglückwünsche ich mich dazu, daß es mir nicht gelingt, so sehr fürchte ich die Altersschwäche. Der Augenblick wird kommen, wo ich sie nicht mehr fürchte und jener idealen Ausgeglichenheit nahekomme, die ich mir manchmal erträume; und wenn die Jahre auch Dich – ich möchte es hoffen – zu einer ähnlichen Rutschpartie führen wie mich, dann werden wir vielleicht am Ende dieses Jahrhunderts nebeneinander in einem wiederauferstandenen Parlament sitzen und, beide senil, einem dauernden Märchendrama beiwohnen. Man gewinnt nur soviel an Toleranz, wie man an Kraft verliert, freundlich in die Kindheit zurückfällt, zu müde geworden, andere durch Liebe oder Haß zu quälen.

Wie du siehst, habe ich »weitherzige« Ansichten über alle Dinge. Und zwar so sehr, daß ich mir keinem Problem gegenüber mehr klar bin, wie ich eigentlich dazu stehe. Urteile selbst. Auch zu der Frage, die Du mir stellst: »Verharrst Du in Deinen Vorurteilen gegen unsere kleine Nachbarin im Westen, hegst Du ihr gegenüber immer noch den gleichen Groll?« – weiß ich nicht, welche Antwort ich Dir geben soll; ich kann Dich höchstens erstaunen oder enttäuschen. Wir haben nämlich, siehst Du, nicht die gleiche Erfahrung von Ungarn.

Da Du jenseits der Karpathen geboren bist, konntest Du den ungarischen Gendarmen nicht kennenlernen, diesen Schrecken meiner siebenbürgischen Kindheit. Wenn ich nur von weitem einen erblickte, wurde ich von Panik ergriffen und wandte mich zur Flucht: er war der Fremde, der Feind; hassen hieß *ihn* hassen. Seinetwegen verabscheute ich alle Ungarn mit einer wahrhaft magyarischen Leidenschaft. Daraus kannst Du ermessen, ob sie mich *interessierten*. In der Folge änderten sich die Umstände, und ich hatte keinen Grund mehr, ihnen böse zu sein. Dennoch bleibt es wahr, daß ich mir noch lange Zeit keinen Unterdrücker vorstellen konnte, ohne an ihre Mängel und ihre Vorzüge zu denken. Wer revoltiert, wer lehnt sich auf? Selten der Sklave, sondern fast immer der zum Sklaven gewordene Unterdrücker. Die Ungarn kennen die Tyrannei aus nächster Nähe, denn sie haben sie mit unvergleichlicher Kompetenz ausgeübt: die Minderheiten der alten Monarchie könnten es bezeugen. Weil sie in ihrer Vergangenheit so gut verstanden haben, die Herren zu spielen, waren sie in unserer Zeit weniger als irgendeine andere Nation Mitteleuropas dazu geeignet, die Sklaverei zu ertragen; sie fanden Geschmack am Befehlen, wie sollten sie nicht auch die Freiheit schätzen gelernt haben? Ihre Tradition als Verfolger war ihre Stärke, der Mechanismus der Knechtung und Toleranz war ihnen vertraut, und so erhoben sie sich gegen eine Regierungsform, die in vieler Hinsicht derjenigen ähnelt, die sie selbst andern Völkern vorbehalten hatten. Wir aber, lieber Freund, die wir bisher nicht die Chance hatten, Unterdrücker zu sein, wir konnten auch nicht die Kraft finden, Rebellen zu werden. Dieses doppelten Glückes beraubt, tragen wir unsere Ketten mit vorbildlicher Geduld, und es wäre unfreundlich von mir, wollte ich die Tugenden unserer Zurückhaltung, den Adel unserer Knechtschaft, ableugnen. Immerhin muß ich feststellen, daß unsere übertriebene Bescheidenheit uns zu besorgniserregenden Extremen drängt; soviel Weisheit geht über die Grenzen der Vernunft hinaus; sie ist so maßlos, daß sie mir mitunter jeden Mut nimmt. Ich beneide, daß ichs nur gestehe, unsere Nachbarn um ihre Arroganz, ich beneide sie noch um ihre Sprache, die so wild ist wie kaum eine andre, und deren Schönheit nichts Humanes hat, mit Klangwirkungen wie aus einer anderen Welt, mächtig und zersetzend, geeignet für Gebete, für Wutgebrüll und Wehklagen, der Hölle entstiegen, deren Tonfall und deren Getöse sie fortzupflanzen scheint. Obwohl ich nur ihre Schimpfwörter kenne, gefällt sie mir unendlich, ich werde nicht müde sie zu hören, sie entzückt mich und läßt mich erstarren, ich erliege ihrem Zauber und ihrem Grauen, allen diesen Wörtern aus Nektar und Zyankali, die den Ausdrucksbedürfnissen einer Agonie so angepaßt sind. Man sollte seinen letzten Atemzug auf ungarisch tun, oder lieber gar nicht sterben.

Wahrhaftig, ich hasse meine einstigen Herren immer weniger. Wenn man es recht bedenkt, waren sie sogar in ihren Glanzzeiten immer allein inmitten Europas, isoliert in ihrem Stolz und

ihrer Sehnsucht, ohne tiefere Verwandtschaft mit den anderen Nationen. Nach einigen Zügen in den Westen, auf denen sie ihre angestammte Wildheit zur Schau stellen konnten, fluteten sie als entartete und seßhaft gewordene Eroberer an die Ufer der Donau zurück, und dort sangen und wehklagten sie und nutzten ihre Instinkte ab. Bei diesen verfeinerten Hunnen findet sich eine aus zurückgedrängter Grausamkeit entstandene Melancholie, der man nicht leicht woanders etwas Vergleichendes zur Seite stellen kann: man möchte sagen, hier fängt das Blut an, über sich selbst nachzusinnen. Und am Ende löst sie sich in Melodie auf. Sie sind ihrem ursprünglichen Wesen nahe geblieben, wenn auch von der Zivilisation beleckt und sogar gezeichnet; im Bewußtsein, von einer Horde ohnegleichen abzustammen, geprägt von einer zugleich tiefen und theatralischen Selbstgefälligkeit, die ihnen eine mehr romantische als tragische Haltung gibt, konnten sie ihre Mission nicht verfehlen, die ihnen innerhalb der modernen Welt zukam: den Chauvinismus zu rehabilitieren, genügend Pomp und Schicksalsgröße hineinzuleiten, um ihn in den Augen des blasierten Beobachters wieder pittoresk erscheinen zu lassen. Ich bin um so eher geneigt, ihr Verdienst anzuerkennen, als ich durch sie in die Lage gekommen bin, die schlimmste aller Demütigungen zu erfahren: nämlich als Leibeigner geboren zu werden; und dazu alle jene »Schmerzen der Scham«, die unerträglichsten, die es gibt, nach dem Ausspruch eines Moralisten. Hast Du nicht selbst das Lustgefühl verspürt, das man aus der Anstrengung gewinnt, gegen diejenigen objektiv zu sein, die einen verhöhnt, niedergeschrien, mißhandelt haben, besonders wenn man insgeheim ihre Laster und ihr Elend teilt? Schließe daraus nicht, daß ich darauf aus wäre, in den Rang eines Magyaren erhoben zu werden. Eine solche Anmaßung liegt mir fern: ich kenne meine Grenzen und gedenke, mich an sie zu halten. Andrerseits kenne ich auch die unserer Nachbarn, und meine Begeisterung für sie braucht nur um einen Grad zu sinken, damit

ich mir gar nichts mehr auf die Ehre einbilde, die sie mir erwiesen haben, indem sie mich verfolgten.
Viel mehr noch als die Individuen flößen uns die Völker widerstreitende Empfindungen ein; man liebt sie und verabscheut sie zu gleicher Zeit; als Gegenstände der Zuneigung und der Abneigung verdienen sie nicht, daß man für sie eine eindeutig bestimmte Leidenschaft hegt. Deine Parteinahme für die des Okzidents, deren Fehler Du nicht deutlich genug erkennst, ist die Wirkung der Distanz: optische Täuschung oder Sehnsucht nach dem Unerreichbaren. Nicht besser nimmst Du die Mängel der bürgerlichen Gesellschaft wahr, ich habe Dich sogar im Verdacht, ihr gegenüber eine gewisse Nachsicht walten zu lassen. Nichts ist natürlicher, als daß Du dir aus der Ferne von ihr ein übertrieben glänzendes Bild machst; da ich sie aus der Nähe kenne, ist es meine Pflicht, die Illusionen zu bekämpfen, die Du in bezug auf sie hegen könntest. Nicht daß sie mir völlig mißfiele – Du kennst meine Schwäche für das Entsetzliche – aber der Aufwand an Unempfindlichkeit, den sie fordert, um sich ertragen zu lassen, steht in keinem Verhältnis zu meinen Vorräten an Zynismus. Daß die Ungerechtigkeiten hier im Überfluß auftreten, wäre zu wenig gesagt; in Wahrheit ist sie selbst die Quintessenz der Ungerechtigkeit. Einzig die Müßiggänger, die Schmarotzer, die Fachleute in Schändlichkeit, die kleinen und großen Schweinehunde ziehen Vorteil aus den Gütern, die sie zur Schau stellt, aus der Üppigkeit, auf die sie stolz ist: Genüsse und Überfluß an der Oberfläche. Unter dem Glanz, den sie plakatiert, verbirgt sich eine Welt der Trostlosigkeit, mit deren Einzelheiten ich Dich verschonen möchte. Wie sollte man sich ohne die Dazwischenkunft eines Wunders erklären, daß sie sich nicht vor unseren Augen zu Staub auflöst oder daß man sie nicht *augenblicklich* in die Luft sprengt?
»Die unsere ist kaum mehr wert. Ganz im Gegenteil«, hältst Du mir entgegen. Ich gebe es zu. Tatsächlich ist dies der springende Punkt. Wir haben zwei typische Gesellschaftsformen vor uns,

die beide unerträglich sind. Und gravierend ist, daß eure Mißstände uns gestatten, in unseren eigenen zu verharren und überzeugend genug unsere Scheußlichkeiten denen gegenüberzustellen, die man bei euch kultiviert. Der Hauptvorwurf, den man eurer Regierungsform machen kann, liegt darin, daß sie die Utopie zerstört hat, dieses Erneuerungsprinzip der Institutionen und Völker. Die Bourgeoisie hat den Vorteil begriffen, den sie gegen die Gegner des *status quo* daraus ziehen konnte; das »Wunder«, das sie rettet, sie vor der unverzüglichen Zerstörung bewahrt, ist genau das Scheitern der andern Seite, das Schauspiel der Entstellung einer großen Idee, die Enttäuschung, die sich daraus ergeben hat, die sich der Geister bemächtigte und sie paralysieren mußte. Eine wahrhaftig unverhoffte Enttäuschung, eine providentielle Stütze des Bürgers, der davon lebt und daraus den Grund seiner Sicherheit gewinnt. Die Massen lassen sich nicht erschüttern, wenn sie nur zwischen gegenwärtigen Mißständen und künftigen Mißständen zu wählen haben; sie geben sich lieber mit denen zufrieden, die sie gerade erleben, sie haben keinerlei Interesse daran, wegen anderer, die zwar unbekannt, aber deshalb nicht weniger gewiß sind, irgendetwas zu riskieren. Voraussehbares Elend reizt die Phantasie nicht an, und es gibt kein Beispiel dafür, daß irgendeine Revolution bei ihrem Ausbruch eine finstere Zukunft oder eine bittere Prophetie auf ihre Fahnen geschrieben hätte. Wer hätte es im vorigen Jahrhundert erraten können, daß die neue Gesellschaft durch ihre Fehlleistungen und Schändlichkeiten der alten erlauben würde, sich zu halten und sich sogar zu festigen, daß also das Wirklichkeit gewordene Mögliche dem, was verflossen ist, zu Hilfe eilen würde?

Hier wie dort sind wir alle an einem toten Punkt, in gleicher Weise von der Naivität abgefallen, in der die weit ausholenden Zukunftsideen gedeihen. Auf die Dauer wird das Leben ohne Utopien erstickend, für die meisten wenigstens: wenn die Welt nicht versteinern will, braucht sie einen neuen Wahn. Dies ist die einzige Evidenz, die sich aus der Analyse der Gegenwart ergibt. Inzwischen hört unsere Situation hier bei uns nicht auf, merkwürdig zu sein. Stellen Sie sich eine von Zweifeln übervölkerte Gesellschaft vor, wo mit Ausnahme einiger Abseitiger niemand vorbehaltlos für irgendetwas eintritt, wo alle gefeit sind gegen Aberglauben und Gewißheiten, jeder die Freiheit für sich beansprucht und keiner die Regierungsform respektiert, die ihre Belange verteidigt und verkörpert. Ideale ohne Inhalt, oder um ein ebenso abgebrauchtes Wort zu verwenden: Mythen ohne Substanz. Ihr seid enttäuscht, weil Versprechungen nicht eingehalten werden konnten; wir sind es einfach durch den Mangel jeglicher Versprechung. Immerhin sind wir uns bewußt, welche Vorteile dem Intellektuellen eine Regierungsform bietet, die ihn für den Augenblick nach eigenem Belieben zur Entfaltung kommen läßt, ohne ihn der Strenge irgendeines Imperativs zu unterwerfen. Der Bürger glaubt an nichts, das ist eine Tatsache; doch darin liegt, wenn ich so sagen darf, die positive Seite seiner Nichtigkeit, denn die Freiheit kann sich nur in einem Vakuum des Glaubens kundtun, in der Abwesenheit von Axiomen, und nur dort, wo die Gesetze keine stärkere Autorität besitzen als eine Hypothese. Hält man mir entgegen, der Bürger glaube dennoch an etwas, das Geld erfülle bei ihm recht eigentlich die Funktion eines Dogmas, dann erwidere ich, dieses Dogma, das schrecklichste von allen, ist für den Geist, so seltsam es klingt, das erträglichste von allen. Wir verzeihen den andern ihren Reichtum, wenn sie uns dafür ihrerseits den Spielraum lassen, *nach unserer Fasson* Hungers zu sterben. Nein, so verderbenbringend ist sie gar nicht, diese Gesellschaft, die sich nicht mit einem beschäftigt, die einen sich selbst überläßt, einem das Recht garantiert, sie anzugreifen, einen sogar dazu auffordert, ja verpflichtet, in ihren faulen Stunden, wenn sie nicht genug Energie hat, um sich selbst zu beschimpfen. In letzter Instanz läßt sie ihr eigenes Geschick ebenso kalt wie das unsre, sie will in keiner Weise unserem Unglück in die Speichen greifen, weder um es zu lindern noch um es zu verschärfen, und wenn sie einen ausbeutet, so tut sie es ganz automatisch, ohne Vorsatz, ohne Bosheit, wie es müden und satten Dickhäutern ziemt, die vom Skeptizismus ebenso verseucht sind wie ihre Opfer. Der Unterschied zwischen den Systemen ist weniger wichtig als es scheint; ihr seid *allein* durch höhere Gewalt, wir sind es ohne Zwang. Ist der Abstand so groß zwischen der Hölle und einem trostlosen Paradies? Alle Gesellschaftsformen sind schlecht, aber es gibt Gradunterschiede, das erkenne ich an, und wenn ich die hiesige gewählt habe, so deswegen, weil ich zwischen den Nuancen des Schlimmen zu unterscheiden weiß.

Die Freiheit, sagte ich Dir, verlangt, um sich zu bekunden, das Vakuum; sie verlangt es – und geht daran zugrunde. Die Bedingung, die sie herstellt, ist die gleiche, die sie aufhebt. Es fehlen ihr standfeste Grundlagen: je vollständiger sie ist, um so leichter kommt sie ins Kippen, denn alles bedroht sie, selbst noch das Prinzip, von dem sie herkommt. Der Mensch ist so wenig dafür gemacht, sie auszuhalten oder sie zu verdienen, daß gerade die Wohltaten, die sie ihm schenkt, ihn zermalmen, und schließlich belastet sie ihn bis zu einem Grade, daß er den Exzessen, die sie hervorbringt, diejenigen des Terrors vorzieht. Diesen Unannehmlichkeiten schließen sich andre an: die liberale Gesellschaft eliminiert das »Mysterium«, das »Absolute«, die »Ordnung«, sie besitzt ebensowenig echte Metaphysik wie echte Polizei, darum wirft sie das Individuum auf sich selbst zurück und entfernt es zugleich von dem, was es ist, von seinen eigentlichen Tiefen. Wenn ihr Wurzeln fehlen, wenn sie ihrem Wesen nach *oberflächlich* ist, so kommt dies daher, daß die Freiheit in sich selbst zerbrechlich ist und kein Mittel hat, sich zu bewahren und die Gefahren zu überleben, die sie von innen und von außen bedrohen; überdies tritt sie nur im Schutze einer endenden Regierungsform auf, zu einem Zeitpunkt, wo eine Klasse verfällt oder sich auflöst: die Altersschwäche der Aristokratie erlaubte ihr im 18. Jahrhundert, sich prachtvoll auszubreiten; die des Bürgertums erlaubt uns heute, unseren Launen zu folgen. Die Freiheiten gedeihen nur in einem kranken Sozialkörper: Duldsamkeit und Ohnmacht sind seine Synonyme. Das gilt offenbar in der Politik wie überall. Als ich diese Wahrheit ahnte, war es, als würde mir der Boden unter den Füßen weggezogen. Noch heute rufe ich mir vergebens zu: »Du bist das Glied einer Gesellschaft von freien Menschen!«, der Stolz, den ich darüber empfinde, wird immer von einem Gefühl des Grauens und der Vergeblichkeit begleitet, das aus meiner schrecklichen Gewißheit hervorgegangen ist. Im Laufe der Zeiten besetzt die Freiheit kaum mehr Augenblicke als die Ekstase im Leben eines Mystikers. Sie entschlüpft uns gerade in dem Moment, wenn wir versuchen, sie zu ergreifen und sie zu formulieren. Keiner kann sie ohne Zittern genießen. Zum Verzweifeln sterblich, postuliert sie, sobald sie sich durchgesetzt hat, ihren Mangel an Zukunft und arbeitet mit allen ihren unterhöhlten Kräften an ihrer eigenen Verneinung und an ihrer Agonie. Mischt sich in unsre Liebe zu ihr nicht eine gewisse Perversion? Und ist es nicht verwirrend, dem, was nicht dauern will und kann, einen Kult zu weihen? Für euch, die ihr sie nicht besitzt, bedeutet sie alles; für uns, die wir sie haben, ist sie nur Illusion, denn wir wissen, daß wir sie verlieren werden, daß sie jedenfalls darauf angelegt ist, verloren zu gehen. Darum wenden wir mitten in unserer Nichtigkeit unsere Blicke nach allen Seiten, ohne jedoch die Heilsmöglichkeiten zu vernachlässigen, die in uns selbst wohnen. Übrigens gibt es kein völliges Nichts in der Geschichte. Wir finden uns vor diese unerhörte Wesenlosigkeit gestellt, die ich das Vergnügen und das Unglück habe, Dir aufzudecken, aber Du hättest Unrecht, anzunehmen, daß sich nichts auf ihrem Grunde abzeichnet; ich erkenne darauf – ist es eine Vorahnung oder eine Halluzination? – etwas wie das Warten auf *andere Götter*. Welche? Niemand könnte antworten. Was ich weiß, was jedermann weiß, ist, daß eine Situation wie die unsere sich nicht unbegrenzt lange ertragen läßt. Im Innersten unseres Bewußtseins kreuzigt uns eine Hoffnung, erhebt uns eine Befürchtung. Falls die alten Völker nicht ihren eigenen Tod besiegeln wollen, werden sie, so wurmstichig sie sein mögen, nicht ohne neue Idole auskommen können. Wenn der Okzident nicht unheilbar verseucht ist, muß er es beweisen, indem er alle Gedanken noch einmal neu denkt, die man ihm gestohlen hat, die man woanders benutzte und dabei verfälschte: ich meine, wenn er sich noch einmal aufraffen und sich mit einem Schimmer von Ehre umgeben will, wird er nicht umhin können, die Utopien wieder aufzugreifen, die er aus Bequemlichkeit den andern überlassen hat, denn dadurch hatte er sich seines Genies und seiner Mission entäußert. Als es seine Pflicht gewesen wäre, den Kommunismus in die Praxis umzusetzen, ihn seinen Traditionen anzugleichen, ihn zu humanisieren, ihn zu liberalisieren und ihn dann der Welt anzubieten, hat er dem Osten das Vorrecht überlassen, das nicht Realisierbare zu realisieren und aus der schönsten modernen Illusion Macht und Ansehen für sich zu gewinnen. Im Kampf der Ideologien hat er sich ängstlich und friedlich gezeigt; manche werden ihn dazu beglückwünschen, und doch müßte man ihn eher dafür tadeln, denn in unserer Zeit gelangt man kaum zur Hegemonie ohne die Hilfe von Prinzipien hoher Heuchelei, deren die mannhaften Völker sich bedienen, um ihre Instinkte und Ziele zu verbergen. Der Mensch hat die Realität verlassen um der Idee willen und die Idee durch die Ideologie ersetzt; damit glitt er in eine abgeleitete Welt hinein, in eine Welt von Nebenprodukten, wo die Fiktion den Rang einer primären Grundlage erwirbt. Dieser Gleitprozeß ist die Frucht aller Revolten und aller Häresien des Westens, und doch weigert sich der Okzident, die letzten Konsequenzen daraus zu ziehen: er hat die Revolution nicht gemacht, die seine Sache gewesen wäre, die seine ganze Vergangenheit forderte, und er hat die Umwälzungen, deren Auslöser er war, nicht bis zu ihrer Vollendung gebracht. Dadurch, daß er sich zugunsten seiner Feinde selbst enterbt, setzt er seine folgerichtige Entfaltung aufs Spiel und läßt sich vielleicht eine letzte Gelegenheit entgehen. Nicht zufrieden damit, alle seine Vorläufer verraten zu haben, alle jene Schismatiker, die ihn vorbereitet und ausgestaltet haben, seit Luther und bis zu Marx, bildet er sich noch ein, man werde von außen her *seine* Revolution machen und ihm seine Utopien und seine Träume wieder zurückbringen. Wird er endlich begreifen, daß er kein politisches Schicksal, keine Rolle zu spielen haben wird, wenn er nicht in sich selber seine ehemaligen Träume, seine einstigen Utopien wiederfindet, zusammen mit den Lügen seines alten Stolzes? Im gegenwärtigen Augenblick sind seine Gegner zu Theoretikern der Pflicht konvertiert, der er sich entzieht; sie errichten ihre Reiche auf dem Boden seiner Ängstlichkeit und Müdigkeit. Welcher Fluch hat ihn betroffen, daß er am Ende seiner schwungvollen Laufbahn nur noch jene Geschäftsleute, jene Pfeffersäcke, jene Kleinigkeitskrämer mit dem leeren Blick und dem verkümmerten Lächeln hervorbringt, die man überall antrifft, in Italien wie in Frankreich, in England ebenso wie in Deutschland? Mußte eine so feinfühlige, so umfassende Zivilisation bei diesem Geschmeiß enden? Vielleicht war es nötig, hier durchzugehen, durch den Abschaum, um eine andere Menschenart erdenken zu können. Als guter Liberaler will ich die Entrüstung nicht bis zur Unduldsamkeit treiben und mich von meinem Ärger nicht hinreißen lassen, wenn es auch für uns alle wohltuend wäre, die Prinzipien durchbrechen zu können, die sich auf unsere Großmut berufen. Ich wollte Dir einfach darlegen, daß diese keineswegs wundervolle Welt es gewissermaßen doch werden könnte, wenn sie einwilligte, nicht etwa sich selbst aufzuheben (sie neigt nur allzusehr dazu), sondern ihre Abfälle wegzuräumen. *Unmögliche* Aufgaben müßte sie sich auferlegen, jenem schrecklichen gesunden Menschenverstand zum Trotz, der sie entstellt und zugrunde richtet.

Die Gefühle, die sie mir einflößt, sind nicht weniger gemischt als diejenigen, die ich für mein Vaterland, für Ungarn oder für unsere *große* Nachbarin empfinde, deren aufdringliche Nähe zu beurteilen Du besser in der Lage bist als ich. Wie soll ich das maßlos Gute und Schlimme, das ich von ihr denke, die Eindrücke, die sie in mir weckt, wenn ich ihrem Schicksal nachsinne, wie soll ich das alles sagen, ohne ins Unwahrscheinliche abzuirren? Ich erhebe nicht etwa den Anspruch, Deine Meinung über sie ändern zu können, ich möchte nur, daß Du weißt, was sie für mich bedeutet und welchen Platz sie innerhalb meiner fixen Ideen einnimmt. Je mehr ich daran denke, desto mehr finde ich, daß sie sich die Jahrhunderte hindurch nicht wie eine Nation entwickelt hat, sondern wie ein Universum; die Phasen ihrer Gestaltwerdung gehören weniger zur Geschichte als zu einer düsteren, schreckenerregenden Kosmogonie. Diese Zaren, die wie beschädigte Gottheiten wirken, von Heiligkeit und Verbrechen heimgesuchte Riesen, in Gebet und Entsetzen versunken, sie waren, wie jene neuen Tyrannen, die an ihre Stelle getreten sind, einer geologischen Vitalität näher als der menschlichen Blutarmut; Despoten, die in unseren Zeiten den Saft und die Sünde der Ursprünge fortpflanzen und uns alle durch ihre unerschöpflichen Chaos-Reserven überragen. Gekrönt oder nicht, es lag oder liegt ihnen daran, die Zivilisation mit einem einzigen Anlauf zu überspringen, sie notfalls zu verschlingen; dieses Verhalten war in ihrer Natur angelegt, denn sie leiden seit jeher an der gleichen Besessenheit: ihre Herrschaft über unsere Träume und unsere Auflehnungen auszudehnen, ein Reich zu gründen, so weiträumig wie unsere Enttäuschungen und unsere Ängste. Eine solche Nation, deren Gedanken und deren Taten keine Schranken kennen, läßt sich nicht nach den üblichen Maßstäben messen, erklärt sich nicht in gewohnten Begriffen, in verständlicher Sprache; dazu bedürfte es des Wortschatzes der Gnostiker, wenn man ihn durch den der allgemeinen Paralyse bereichern würde. Zweifellos grenzt sie, diese Nation, wie uns Rilke versichert, unmittelbar an Gott; leider auch an unser Land, und in einer mehr oder weniger nahen Zukunft auch an viele andere, ich wage nicht zu sagen an alle, trotz der deutlichen Warnungen, die mir eine böse Vorahnung einflüstert. Wo wir auch sein mögen, berührt sie uns schon jetzt, wenn nicht im geographischen Sinne, so doch gewiß im Innern. Mehr als irgendein anderer bin ich bereit, meine Schulden ihr gegenüber anzuerkennen: wären mir ohne ihre Schriftsteller jemals meine wunden Punkte bewußt geworden und meine Aufgabe, für dieses Bewußtwerden zu leben? Hätte ich ohne sie nicht meine inneren Nöte verzettelt, meine Verwirrungen verfehlt? Ich fürchte sehr, die Neigung, ein unparteiisches Urteil über dieses Volk abzugeben und ihm meine Dankbarkeit zu bezeugen, wird im gegenwärtigen Moment nicht nach Deinem Geschmack sein. Ich unterdrücke also Lobsprüche, die zur unrechten Zeit kämen, dränge sie in mein Inneres zurück, damit sie sich dort um so mehr entfalten.

Einst, als wir Vergnügen daran fanden, unsere Übereinstimmungen und unsere Meinungsverschiedenheiten gegeneinander auszuspielen, machtest Du mir bereits jene Manie zum Vorwurf, unparteiisch über das, was mir am Herzen lag, ebenso wie über das, was ich verabscheute, zu urteilen und immer nur doppelte, notwendig falsche Empfindungen zu haben, die Du mit meiner Unfähigkeit begründetest, eine echte Leidenschaft zu empfinden; dabei betontest Du, welche Annehmlichkeiten ich daraus gewänne. Deine Diagnose war nicht unrichtig; Du irrtest Dich jedoch im Kapitel der Annehmlichkeiten. Glaubst Du, es sei angenehm, Anbeter und Opfer des Für und Wider zu sein, ein Schwärmer im Widerstreit mit seiner Schwärmerei, ein Wahnkranker, der nach Objektivität strebt? Das geht nicht ohne Leiden ab: die Instinkte protestieren, und nur ihnen zum Trotze und gegen sie beschreitet man den Weg, der zur absoluten Unentschiedenheit führt, einem Zustand, kaum verschieden von dem, der in der Sprache der Ekstatiker »der äußerste Punkt der Nichtswerdung« heißt. Um meinen Gedanken über die geringste Kleinigkeit selber auf den Grund zu kommen, um mich nicht nur über ein Problem, sondern über ein Nichts aussprechen zu können, muß ich gegen diese Hauptuntugend meines Geistes ankämpfen, gegen diesen Hang, mir alle Ansichten eines Dinges aneignen zu wollen und mich doch zugleich von ihnen zu distanzieren, wie ein allgegenwärtiges Virus, zwischen Begierde und Überdruß gespalten, ein unheilvolles und gutartiges Agens, ebenso ungeduldig wie gelangweilt, unentschlossen zwischen den Heimsuchungen, unfähig, eine von ihnen auf sich zu nehmen und sich darauf zu spezialisieren, ein Pfuscher ohnegleichen, Hüter und Verschwender des Heillosen, Verräter aller Leiden, jener der anderen wie der eignen.

Nichts wünsche ich mir öfter als dieses: daß ich niemals Anlaß hätte, Stellung zu nehmen, mich zu entscheiden und mich zu definieren. Aber wir beherrschen nicht immer unsere Gemütsregungen, diese Keime von Einstellungen, Ansätze von Theorien. Bis ins Mark von dem Wunsch besessen, Systeme zu errichten, konstruieren wir ohne Pause, besonders in der Politik, dem Gebiet der Pseudoprobleme, wo der schlechte Philosoph, der in jedem von uns zu Hause ist, sich breit macht, ein Gebiet, von dem ich mich fernhalten möchte, und zwar aus einem banalen Grunde, aus einer Gewißheit, die sich in meinen Augen zum Rang einer Offenbarung erhebt: die Politik dreht sich einzig und allein um den Menschen. Den Geschmack an den Lebewesen habe ich verloren, wenn ich mich auch vergebens bemühe, den Reiz der Dinge für mich zu entdecken; notgedrungen auf den Zwischenraum beschränkt, der beide voneinander trennt, übe und ermüde ich meinen Geist an ihrem Schatten. Schatten sind auch diese Völker, deren Schicksal mich weniger um ihrer selbst willen beunruhigt als wegen des Vorwandes, den sie mir bieten, mich an dem zu rächen, was weder Umriß noch Form hat, an den Entitäten und den Symbolen. Der unbeschäftigte Mensch, der das Heftige liebt, bewahrt sich seine Lebensweisheit, indem er sich in einer abstrakten Hölle verschanzt. Das Individuelle gibt er preis, von Namen und Gesichtern befreit er sich, mit dem Unbestimmten, dem Allgemeinen mißt er seine Kräfte, auf das Ungreifbare richtet sich sein Durst nach Ausrottung, und er konzipiert eine neue Literaturform: das Pamphlet *ohne Gegenstand.*

An Viertelsideen und an Traum-Attrappen hängend, durch Zufall oder durch Hysterie und nicht etwa aus einem Streben nach Strenge zum Nachdenken gebracht, komme ich mir inmitten der zivilisierten Leute wie ein Eindringling vor, ein auf das Gebrechliche erpichter Höhlenmensch, der in ketzerische Gebete versunken ist, Beute einer Panik, die nicht aus einer Weltvision hervorgeht, sondern aus den Krämpfen des Fleisches und den Finsternissen des Blutes. Imprägniert gegen die Ansprüche der Klarheit und der Latinität, fühle ich, wie sich Asien in meinen Adern rührt: bin ich der Abkömmling irgendeines nicht eingestehbaren Völkerstammes oder das Sprachrohr irgendeiner einstmals lärmenden, heute stummen Rasse? Oft komme ich in Versuchung, mir eine andere Genealogie zu schmieden, meine Ahnen zu *wechseln,* sie mir unter denen auszusuchen, die zu ihren Zeiten Trauer unter den Völkern zu verbreiten wußten, umgekehrt wie die meinen, die unseren, diese in die Ecke gestellten Prügelknaben, von Drangsal überladen, vergraben im Staub, unter dem Bannfluch der Jahrhunderte seufzend. Ja, in meinen Anfällen von Selbstgefälligkeit neige ich dazu, mich für den späten Sproß einer durch ihre Raubzüge berühmten Horde zu halten, für einen Wahl-Tungusen, legitimen Erben der Steppe, den letzten Mongolen ...

Ich will nicht schließen, ohne Dich nochmals vor der Begeisterung oder dem Neid zu warnen, die Dir meine »Chancen« erregen und im Besonderen diese eine, daß ich es mir in einer Stadt bequem machen kann, deren Erinnerung Dir zweifellos keine Ruhe läßt, trotz Deiner Verwurzelung in unserem verflüchtigten Vaterland. Diese Stadt würde ich mit keiner anderen auf der Welt vertauschen, und gerade deshalb ist sie die Quelle meines Mißgeschicks. Alles was nicht sie ist, gilt in meinen Augen gleich, und doch kommt mir manchmal fast ein Bedauern, daß der Krieg sie verschont hat, daß sie nicht wie so viele andere untergegangen ist. Wäre sie zerstört worden, so wäre ich des Glückes ledig, in ihr zu leben, ich hätte meine Tage woanders verbringen können, im tiefsten Innern gleichviel welchen Kontinents. Niemals werde ich ihr verzeihen, daß sie mich im Raum gebunden hat und ich ihretwegen irgendwo zu Hause bin. Nachdem dies gesagt ist, vergesse ich keinen Augenblick, daß von ihren Einwohnern vier Fünftel, wie schon Chamfort notiert hat, »vor Kummer sterben«. Zu Deiner Erbauung füge ich noch hinzu, daß die übrigen, die wenigen Privilegierten, zu denen ich gehöre, sich nicht besonders darüber aufregen und sogar die große Mehrheit um den Vorteil beneiden, zu wissen, *woran* man stirbt.

Paris, 1957

RUSSLAND UND DAS VIRUS DER FREIHEIT

Alle Länder, denke ich manchmal, sollten der Schweiz ähnlich sein. Sie sollten wie diese in Hygiene und Seichtheit, in der Vergötzung der Gesetze und im Kult des Menschen behaglich erschlaffen. Andrerseits sind nur die von keinen Skrupeln im Denken und Handeln angekränkelten, die fieberhaft unersättlichen Nationen für mich anziehend, welche stets bereit sind, die anderen zu verschlingen, sich selbst zu verzehren und Werte, die ihrem Aufstieg und ihrem Erfolg im Wege sind, mit Füßen zu treten, verstockt gegen die Weisheit, diesen Krebsschaden der alten, von sich selbst und von allem anderen übersättigten und gleichsam vom Schimmelgeruch behexten Völker.

Ebenso ereifere ich mich vergebens gegen die Tyrannen, ich muß entdecken, daß sie die Fäden der Geschichte in der Hand halten und daß ohne sie weder die Idee noch die Ausbreitung eines Weltreichs vorstellbar wäre. Überlegen und hassenswert in ihrer inspirierten Bestialität, stellen sie den in seine Extreme getriebenen Menschen dar, die letzte Zuspitzung seiner schändlichen und seiner rühmlichen Eigenschaften. Iwan der Schreckliche, um nur den faszinierendsten von ihnen zu nennen, nimmt alle Winkel und Schlupfwinkel der Psychologie in Anspruch. So widerspruchsvoll in seinem Irrsinn wie in seiner Politik, hat er aus seiner Regierungszeit, und in gewisser Hinsicht auch aus seinem Land, das Musterbild eines Alptraums gemacht, Prototyp einer lebendigen und unerschöpflichen Halluzination, Gemisch aus Mongolei und Byzanz. Er vereinigte die Fähigkeiten und die

Fehler eines Khans und eines Basileus, ein Ungeheuer mit dämonischen Zornesausbrüchen und schmutziger Melancholie, geteilt zwischen der Lust zum Blutvergießen und der Lust zur Reue in üppiger, von Hohngelächter gekrönter Jovialität. Er hatte die Leidenschaft des Verbrechens; wir alle haben sie auch, solange wir leben: sie bedroht andre und uns selber. Nur bleibt sie bei uns ungestillt, und darum kommen unsere Werke, wie sie auch sein mögen, aus unserer Unfähigkeit zu töten oder uns zu töten. Wir geben es nicht immer zu, wir verkennen gern den inneren Mechanismus unserer Bresthaftigkeit. Deshalb gehen die Zaren oder die römischen Kaiser mir nicht aus dem Sinn: weil diese bei uns verhüllte Bresthaftigkeit bei ihnen offen zutage tritt. Sie entschleiern uns vor unseren eignen Augen, sie verkörpern und veranschaulichen unsere Geheimnisse. Ich denke an jene von ihnen, die, von einer prachtvollen Entartung beherrscht, über ihre Nächsten herfielen; aus Furcht, von ihnen geliebt zu werden, ließen sie sie zum Tode führen. So mächtig sie gewesen sein mögen, sie waren dennoch unglücklich; denn das Zittern der andern vermochte sie nicht zu befriedigen. Sind sie nicht gleichsam die Projektion des bösen Geistes, der uns bewohnt und uns einflüstert, das höchste Leitbild sei, um uns herum leeren Raum zu schaffen? Mit solchen Gedanken und mit solchen Instinkten bildet sich ein Imperium: der Bodensatz unseres Bewußtseins, wo sich unsere liebsten Schandflecke verbergen, ist daran beteiligt.

Aus Tiefen, die sich kaum ahnen lassen, in elementaren Schüben, erhebt sich der Ehrgeiz, die Welt zu beherrschen. Er tritt nur bei gewissen Individuen und zu gewissen Zeiten auf, ohne direkte Verbindung mit dem Eigenwert der Nation, in welcher er sich zeigt: zwischen Napoleon und Dschingis-Khan besteht ein geringerer Unterschied als zwischen dem ersten und jedem beliebigen französischen Staatsmann der aufeinanderfolgenden Republiken. Aber diese Tiefen, diese Schübe, können versiegen, sich erschöpfen.

Karl der Große, Friedrich II. von Hohenstaufen, Karl V., Bonaparte, Hitler waren jeder auf seine Art versucht, die Idee des Universalreiches zu realisieren: darin scheiterten sie mit mehr oder weniger Glück. Der Okzident, wo diese Idee nur noch Ironie oder Unbehagen weckt, empfindet jetzt seine Eroberungen als Schande, jedoch im gleichen Zeitpunkt, wo er sich auf sich selbst zurückzieht, geschieht es merkwürdigerweise, daß seine Formeln triumphieren und sich ausbreiten; sie finden ihr Echo außerhalb seiner Grenzen und richten sich gegen seine Macht und seine Suprematie. Er gewinnt, indem er sich verliert. So eroberte Griechenland erst die geistige Vorherrschaft, als es aufhörte, eine politische Macht, ja eine Nation zu sein; man plünderte seine Philosophie und seine Künste, man sicherte seinen Schöpfungen einen glänzenden Erfolg, doch seine Talente vermochte man sich nicht anzueignen; ebenso nimmt man dem Okzident alles ab oder man wird es ihm abnehmen, ausgenommen seinen Genius. Eine Zivilisation erweist sich fruchtbar durch ihre Fähigkeit, andere zur Nachahmung anzuregen; sobald sie aufhört, sie zu blenden, reduziert sie sich auf eine Summe von Scherben und Spuren.

Als die Imperiumsidee diese Weltgegend verließ, mußte sie in Rußland ein providentielles Klima finden; dort hat sie übrigens immer existiert, besonders auf der geistigen Ebene. Nach dem Sturz von Byzanz wurde Moskau für das Bewußtsein der Orthodoxen das dritte Rom, die Erbin des »wahren« Christentums, des echten Glaubens. Erstes Erwachen des Messianismus. Um ein zweites zu erleben, mußte es bis zu unseren Tagen warten; doch dieses Erwachen verdankt es diesmal der Abdankung des Okzidents. Im 15. Jahrhundert zog es Vorteil aus einem religiösen Vakuum, heute profitiert es von einem politischen Vakuum. Zwei große Gelegenheiten, sich seiner geschichtlichen Verantwortung bewußt zu werden.

Als Mohammed II. Konstantinopel zu belagern begann, war die Christenheit geteilt wie immer und überdies glücklich, die Kreuzzüge vergessen zu haben; sie verzichtete also auf eine Einmischung. Die Belagerten waren darüber zuerst verärgert, dann, als der Zusammenbruch eindeutige Formen annahm, erstarrten sie in dumpfer Bestürzung. Der Papst schwankte zwischen Panik und heimlicher Genugtuung; er versprach Hilfe, schickte sie aber zu spät: wozu sich wegen »Schismatikern« beeilen? Das »Schisma« erstarkte dann sehr bald an anderen Orten. War Moskau Rom lieber als Byzanz? Einen fernen Feind liebt man stets mehr als einen nahen Feind. So mußten die Angelsachsen in unseren Tagen die russische Vorherrschaft in Europa der deutschen vorziehen. Deutschland war *zu nahe.*

Die Ansprüche Rußlands, von der vagen Vorrangstellung zur ausgeprägten Hegemonie überzugehen, entbehren nicht einer berechtigten Grundlage. Was wäre aus der westlichen Welt geworden, wenn es die mongolische Invasion nicht aufgehalten und in sich aufgenommen hätte? Für zwei Jahrhunderte der Demütigung nud Knechtschaft war es von der Geschichte ausgeschlossen, während im Westen die Völker sich den Luxus leisteten, sich gegenseitig zu zerreißen. Wäre es imstande gewesen, sich ohne Hemmung zu entwickeln, so würde es bereits am Beginn der neuen Ära eine Macht erster Ordnung geworden sein; was es jetzt ist, hätte es schon im sechzehnten oder siebzehnten Jahrhundert sein können. Und der Okzident? Vielleicht wäre er heute *orthodox*, und in Rom würde sich statt des Heiligen Stuhles die Heilige Synode breitmachen. Aber die Russen können das Versäumte nachholen. Wenn es ihnen gegeben wird, ihre Absichten durchzuführen – und alles scheint eine solche Voraussage zu stützen –, dann ist es nicht ausgeschlossen, daß sie ihre Rechnung mit dem Höchsten Priester begleichen werden. Ob im Namen des Marxismus oder der Orthodoxie, sie sind dazu berufen, die Autorität und das Prestige der Kirche zu untergraben, deren Bestrebungen sie nicht dulden könnten, ohne den Hauptpunkt ihrer Mission und ihres Programms aufzugeben. Unter den Zaren erklärten sie die päpstliche Kurie zu einem

Instrument des Antichrists und sprachen Gebete *gegen* sie; jetzt betrachten sie sie als eine satanische Stütze der Reaktion und überhäufen sie mit Schmähungen, die etwas wirksamer sind als ihre einstigen Bannflüche; bald werden sie mit all ihrem Gewicht, mit all ihrer Kraft auf sie niederstürzen. Es ist gar nicht so unmöglich, daß unser Jahrhundert, als eine Art frivole Apokalypse, das Verschwinden des letzten Nachfolgers Petri unter seine Merkwürdigkeiten zu zählen haben wird.

Als der Marxismus die Geschichte vergöttlichte, um Gott in Mißkredit zu bringen, hat er damit nur erreicht, Gott fremdartiger und faszinierender zu machen. Alles läßt sich beim Menschen ausrotten, nur nicht das Bedürfnis nach dem Absoluten; es würde auch noch die Zerstörung der Tempel überleben, sogar das Verschwinden der Religion von der Erde. Da der Wesensgrund des russischen Volkes religiös ist, muß er unvermeidlich die Oberhand gewinnen. Ursachen auf historischer Ebene werden dazu in breitem Maße beitragen.

Als Rußland die Orthodoxie annahm, bekundete es damit seinen Wunsch, sich vom Westen zu trennen; dies war von Anfang an seine Art sich selbst zu definieren. Abgesehen von seiner Adelsschicht ließ es sich niemals von katholischen Missionaren verführen, etwa von den Jesuiten. Ein Schisma drückt nicht so sehr doktrinäre Divergenzen aus als einen völkischen Selbstbehauptungswillen: weniger eine abstrakte Kontroverse wird darin sichtbar als ein nationaler Reflex. Nicht die lächerliche Frage des *filioque* hat die Kirchen voneinander geschieden. Byzanz wollte seine totale Autonomie; und Moskau erst recht. Schismen und Häresien sind verkleidete Nationalismen. Während aber die Reformation nur den Stil eines Familienstreites annahm, eines Skandals *innerhalb* des Okzidents, trug der orthodoxe Partikularismus tiefer geprägte Charakterzüge zur Schau und gab den Auftakt zu einer Absonderung der östlichen von der gesamten westlichen Welt. Durch seine Ablehnung des Katholizismus verzögerte Rußland seine Entwicklung und verlor eine hervorragende Gelegenheit, rasch zivilisiert zu werden, aber es gewann zugleich an Substanz und Einzigartigkeit; seine Stagnation machte es *verschieden*, ließ es *anders* werden; danach strebte es, denn zweifellos ahnte es voraus, daß der Okzident eines Tages den Vorsprung, den er hatte, verlieren würde.

Je stärker es werden wird, um so mehr wird es zum Bewußtsein seiner Wurzeln kommen, von denen es der Marxismus in gewisser Hinsicht entfernt hat; nach einer universalistischen Gewaltkur wird es sich rerussifizieren, zum Vorteil der Orthodoxie. Übrigens hat es den Marxismus so energisch umgeprägt, daß es ihn slawisiert hat. Jedes Volk von einiger Spannweite, das eine seinen Traditionen fremde Ideologie annimmt, assimiliert sie, verbiegt sie im Sinne seiner nationalen Bestimmung, fälscht sie zu seinem Vorteil, bis sie von seinem eigenen Genius nicht mehr zu unterscheiden ist. Es besitzt eine eigene Optik, die notwendigerweise deformierend wirkt, einen Sehfehler, der, weit davon entfernt, es in Verwirrung zu setzen, ihm schmeichelt und es anreizt. Die Wahrheiten, die es geltend macht, mögen sie noch so sehr des objektiven Wertes ermangeln, sind deshalb nicht weniger lebendig und erzeugen aus sich selbst heraus jene Art von Irrtümern, welche die Verschiedenartigkeit der historischen Landschaft vereinheitlichen, wobei natürlich der Historiker, als Skeptiker von Beruf, Temperament und freier Wahl, sich ein für alle Male außerhalb der Wahrheit stellt.

Während die Völker des Okzidents sich in ihrem Kampfe um die Freiheit aufzehrten, und noch mehr in der schließlich errungenen Freiheit (nichts ermüdet so sehr wie der Besitz oder der Mißbrauch der Freiheit), litt das russische Volk, ohne sich zu verausgaben; denn man verausgabt sich nur in der Geschichte, und da es aus dieser ausgeschlossen war, erduldete es zwangsläufig die unfehlbaren Systeme der ihm auferlegten Despotie. Diese dunkle, vegetative Existenz gestattete ihm, sich zu festigen, seine Energie zu vermehren, Reserven anzusammeln und aus seiner Knechtschaft das Maximum biologischen Vorteils zu ziehen. Die Orthodoxie hat ihm dabei geholfen, aber die volkstümliche Orthodoxie, die so bewundernswert darauf angelegt war, es aus den Ereignissen herauszuhalten, während die offizielle ihrerseits die Macht im Sinne imperialistischer Bestrebungen ausrichtete. Doppeltes Gesicht der orthodoxen Kirche: einerseits arbeitete sie daran, die Massen fügsam zu machen, andrerseits war sie Helferin des Zaren, stachelte dessen Ambition und ermöglichte unermeßliche Eroberungen im Namen einer passiven Bevölkerung. Glückliche Passivität, die den Russen ihre heutige Vorherrschaft gesichert hat, diese Frucht ihrer historischen Verzögerung. Alle Unternehmungen Europas, seien sie ihnen günstig oder feindlich, drehen sich um sie; damit, daß es sie ins Zentrum seiner Interessen und seiner Befürchtungen versetzt, erkennt es an, daß sie es virtuell beherrschen. So ist einer ihrer ältesten Träume fast schon Wirklichkeit geworden. Daß sie dies unter den Auspizien einer Ideologie fremder Herkunft erreicht haben, fügt ihrem Erfolg nur noch eine weitere pikante Paradoxie hinzu. Worauf es letztlich ankommt, ist, daß die Regierungsform selbst russisch ist und ganz und gar den Traditionen des Landes folgt. Sagt es nicht genug, daß die in direkter Linie von den westlichen Theorien herstammende Revolution sich mehr und mehr den slawophilen Ideen zugewandt hat? Übrigens repräsentiert ein Volk weniger eine Summe von Ideen und Theorien als von Wunschträumen: die der Russen, auf welcher Seite sie auch stehen mögen, sind immer, wenn nicht die gleichen, so doch untereinander eng verwandt. Ein Tschaadajew, der seiner Nation keinen Ruhmestitel lassen wollte, oder ein Gogol, der sie mitleidlos verhöhnte, waren ihr ebenso verbunden wie ein Dostojewskij. Der Wütendste der Nihilisten, Netschajew, war ebenso von ihr besessen wie Pobjedonostschew, der Prokurator der Heiligen Synode und Reaktionär bis in die Knochen. Diese Besessenheit allein zählt. Alles übrige ist nur angenommene Haltung.

Damit Rußland sich zu einer liberalen Regierungsform bequemte, müßte es beträchtlich geschwächt sein, müßte seine Kraft müde werden; mehr noch: es müßte seinen spezifischen Charakter verlieren und sich im tiefsten entnationalisieren. Wie sollte ihm dies gelingen, mit seinen unverbrauchten inneren Reserven und mit seiner tausendjährigen Autokratie? Gesetzt, es käme mit einem plötzlichen Sprung dahin, dann fiele es sofort auseinander. Manche Nationen brauchen, um sich zu erhalten und auszubreiten, eine gewisse Dosis von Terror. Sogar Frankreich konnte sich erst zu dem Zeitpunkt mit der Demokratie einlassen, als seine Spannkräfte sich zu lockern begannen, als es nicht mehr nach der Hegemonie trachtete, sondern sich anschickte, achtbar und weise zu werden. Das erste Kaiserreich war seine letzte Torheit. Danach hat es sich der Freiheit aufgetan und mußte durch eine Reihe von Krisen hindurchgehen, ehe es sich mit harter Mühe an sie gewöhnte, im Gegensatz zu England, dieser verwirrenden Ausnahme, die sich ihr schon seit langem angepaßt hatte, ohne Rückschläge oder Gefahren, dank dem Konformismus und dem aufgeklärten Stumpfsinn seiner Bewohner (soviel ich weiß, hat es nicht einen einzigen großen Anarchisten hervorgebracht).
Die Zeit begünstigt auf die Dauer die kettenbeladenen Nationen, die ihre Kräfte und ihre Illusionen aufstauen und in der Zukunft, in der Hoffnung leben; was aber kann man noch hoffen, wenn man in der Freiheit lebt? oder unter der Regierungsform, die sie verkörpert, diesem System aus Kraftvergeudung, Beschaulichkeit und Verweichlichung? Die Demokratie ist ein Wunder, das nichts mehr anzubieten hat, sie ist zugleich das Paradies und das Grab eines Volkes. Das Leben hat nur durch sie einen Sinn; aber sie ist ohne Leben ... Unmittelbares Glück, drohender Untergang – Unbeständigkeit eines Systems, dessen Anhänger sich in ein quälendes Dilemma verwickeln.
Besser ausgestattet, auf andere Weise vom Geschick begünstigt, braucht Rußland sich mit solchen Problemen nicht herumzu-

schlagen, denn für dieses Land ist die absolute Macht, wie schon Karamtschin bemerkte, die »eigentliche Wesensgrundlage«. Immer nach der Freiheit zu streben, ohne sie je zu erlangen, liegt nicht darin seine große Überlegenheit über die westliche Welt, die dieses Ziel – leider! – schon lange erreicht hat? Im übrigen schämt es sich keineswegs seines Imperiums; ganz im Gegenteil, es denkt nur daran, dessen Grenzen zu erweitern. Wer hat es eiliger gehabt, sich die Errungenschaften der anderen Völker anzueignen? Das Werk Peters des Großen, sogar das der Revolution, zeugt von einem *genialen Parasitentum*. Und selbst noch die Scheußlichkeiten des Tatarenjochs hat es mit listenreicher Findigkeit ertragen.

Wenn es sich in eine wohlberechnete Isolierung abschloß und dabei doch den Okzident zu imitieren verstand, so hat es noch besser verstanden, sich von ihm bewundern zu lassen und die westlichen Geister zu verführen. Die Enzyklopädisten waren in die Unternehmungen Peters und Katharinas vernarrt, ganz so wie die späteren Erben des Aufklärungszeitalters, ich meine die Leute von der Linken, sich in die Taten Lenins und Stalins vernarren sollten. Dieses Phänomen spricht für Rußland, aber nicht für die Okzidentalen; diese, nach Herzenslust kompliziert und zerrüttet, suchten den »Fortschritt« woanders, außerhalb ihrer selbst und ihres eignen Schaffens, und sind heute paradoxerweise den Figuren Dostojewskis näher als die Russen. Überdies muß hervorgehoben werden, daß sie nur an die schwachen, hilflosen Seiten dieser Figuren erinnern und weder deren wilde Verrücktheiten noch deren mannhafte Bissigkeit haben: »Besessene«, geschwächt von Vernünfteleien und Skrupeln, von vielen Fragestellungen, Märtyrer des Zweifels, geblendet und vernichtet durch ihre Ratlosigkeit.

Jede Zivilisation glaubt, ihre Lebensform sei die einzig gute und einzig begreifliche, und sie müsse die Welt dazu bekehren oder sie ihr aufzwingen; sie kommt für sie einer offenen oder verkappten Heilslehre gleich; einem eleganten Imperialismus, der jedoch aufhört elegant zu sein, sobald er von militärischen Abenteuern begleitet wird. Man gründet kein Imperium lediglich aus einer Laune. Man unterwirft die andern, damit sie einen imitieren, damit sie sich nach unserem Vorbild, nach unseren Glaubensvorstellungen und unseren Gewohnheiten umgestalten; daraus entsteht dann der perverse Trieb, Sklaven aus ihnen zu machen, um in ihnen das schmeichelhafte oder karikierte Gegenbild seiner selbst betrachten zu können. Ich gebe zu, daß es eine qualitative Rangordnung der Imperien gibt: die Mongolen und die Römer unterwarfen die Völker nicht aus gleichen Gründen, und ihre Eroberungen hatten nicht die gleichen Ergebnisse. Nichtsdestoweniger waren sie in gleicher Weise darin geübt, den Gegner dadurch zu vernichten, daß sie ihn zwangen, *ihr Ebenbild zu werden.*

Rußland hat sich niemals mit mäßigen Unbilden begnügt, weder als verursachender noch als leidender Teil. So wird es auch in Zukunft bleiben. Kraft einer physikalischen Fatalität wird Rußland sich über Europa auswalzen müssen, durch die Selbstgesetzlichkeit seiner Masse, durch seine überfließende und krankhafte Vitalität, die der Erzeugung eines Imperiums so günstig ist (darin vergegenständlicht sich immer der Größenwahn einer Nation), durch seine eigentümliche Gesundheit, voller Überraschungen, voller Schrecken und Rätsel und im Dienste einer messianischen Idee, die ein Überbleibsel früherer und eine Vorform künftiger Eroberungen darstellt. Wenn die Slawophilen behaupteten, es müsse die Welt *retten,* so bedienten sie sich eines Euphemismus: man wird die Welt kaum retten können, ohne sie zu beherrschen. Eine Nation findet ihr Lebensprinzip entweder in sich selbst oder nirgends: wie könnte sie durch eine andre gerettet werden? Rußland ist noch immer der Meinung – und säkularisiert lediglich die Sprache und die Auffassung der Slawophilen –, daß es ihm zukomme, das Heil der Welt zu sichern, in erster Linie das des Okzidents, dem gegenüber es übrigens niemals ein klares Gefühl empfunden hat, sondern Anziehung und doch wieder Abstoßung, Eifersucht (ein Gemisch von heimlichem Kult und ostentativer Abneigung), eingeflößt vom Schauspiel einer ebenso beneidenswerten wie gefährlichen Fäulnis, deren Kontakt man suchen, mehr aber noch meiden muß.

In seinem Widerwillen, sich zu definieren und Grenzen zu akzeptieren, pflegt der Russe die Doppeldeutigkeit in der Politik, in der Moral, und was schlimmer ist, auch in der Geographie, ohne eine einzige der naiven Vorstellungen zu hegen, welche den durch die Überspitzungen einer rationalistischen Tradition wirklichkeitsblind gewordenen »Zivilisierten« eigen sind. Verschmitzt aus Intuition ebenso wie aus der jahrhundertelangen Übung in der Verstellungskunst, ist er vielleicht historisch ein Kind, aber keinesfalls im psychologischen Sinne; daher seine verwickelte Anlage als Mensch mit jungen Instinkten und alten Geheimnissen, daher auch die bis zum Grotesken getriebenen Widersprüche in seinem Verhalten. Wenn er sich darauf einläßt, tief zu sein (und es gelingt ihm ohne Mühe), entstellt er die kleinste Tatsache, die geringste Idee. Man möchte sagen, er habe die Manie der monumentalen Grimasse. Alles in der Geschichte seiner Ideen, der revolutionären wie der sonstigen, ist abgründig, grauenvoll und unfaßbar. Immer noch ist er ein unverbesserlicher Liebhaber von Utopien; die Utopie ist das Groteske *in Rosa,* das Bedürfnis, das Glück, also das Unwahrscheinliche, mit dem Gang der Geschichte zu verbinden, und eine optimistische, ätherische Vision bis zu dem Punkt voranzutreiben, wo sie ihre Ausgangsposition erreicht: den Zynismus, den sie bekämpfen wollte. Kurzum, ein monströses Zauberstück.

Daß Rußland imstande sein könnte, seinen Traum von einem Universalreich zu verwirklichen, ist eine Möglichkeit, keine Gewißheit; dagegen liegt es auf der Hand, daß es ganz Europa zu erobern und zu annektieren vermag, und daß es sogar die nötigen Schritte dazu tun wird, wäre es auch nur, um die übrige Welt zu beruhigen ... Es begnügt sich ja mit so wenigem! Wo fände man einen überzeugenderen Beweis von Bescheidenheit, von Mäßigung? Der Zipfel eines Kontinents! Inzwischen betrachtet es ihn mit demselben Blick wie die Mongolen China und die Türken Byzanz, nur mit dem Unterschied, daß es bereits einen guten Teil westlicher Werte in sich aufgenommen hat, während die tatarischen und ottomanischen Horden über ihre künftige Beute nur ein rein materielles Übergewicht besaßen. Zweifellos ist es bedauerlich, daß Rußland nicht durch die Renaissance hindurchging: daher kommt seine ganze Unausgeglichenheit. Doch bei seiner Fähigkeit, die Zwischenstufen zu überspringen, wird es in einem Jahrhundert, vielleicht in einer noch kleineren Zeitspanne, ebenso verfeinert, ebenso verwundbar sein wie der Okzident, der auf einem Zivilisationsniveau angekommen ist, von dem aus nur noch ein *absteigender* Weg weiterführt. Höchster Ehrgeiz des Historikers: die Variationen dieses Niveaus zu registrieren. Die Zivilisationsebene Rußlands ist niedriger als die Europas, sie kann nur steigen und Rußland mit sich erheben: das heißt, es ist zum Aufstieg geradezu verurteilt. Indem es aber an Höhe gewinnt, setzt es sich nicht der Gefahr aus, zügellos wie es ist, sein Gleichgewicht zu verlieren, zu zerspringen und zugrundezugehen? Mit seinen in den Sekten und den Steppen durchgekneteten Seelen macht es einen einzigartigen Eindruck von Weite und zugleich von Abgeschlossenheit, von Unermeßlichkeit und zugleich von erstickender Enge, einen nordischen Eindruck, aber auf eine besondere Art nordisch, die sich nicht von unseren Analysen erfassen läßt, gezeichnet von einer Schläfrigkeit und einer Hoffnung, die uns frösteln machen, einer Nacht voller Explosionen, einer Morgenröte, an die man sich noch erinnern wird. Nichts von der Transparenz und der Unverbindlichkeit der mittelmeerischen Völker findet sich bei diesen Hyperboräern, deren Vergangenheit, wie auch ihre Gegenwart, einer anderen Zeitordnung zugehörig scheint als der unseren. Vor der Verletzlichkeit und vor dem hohen Ansehen des Okzidents werden sie verlegen infolge ihres späten Erwachens und ihrer ungenützten Kraft: dies ist der Minderwertigkeitskomplex *des Starken* ... Sie werden ihn ablegen, sie werden ihn überwinden. Der einzige Lichtblick in unserer Zukunft ist ihre heimlich angespannte Sehnsucht nach einer zart besaiteten Welt mit auflösenden Reizen. Wenn sie hier Erfüllung finden (diesen Sinn scheint ihr Schicksal offenbar zu haben), werden sie sich auf Kosten ihrer Instinkte zivilisieren, und – erfreuliche Perspektive! – auch sie werden das Virus der Freiheit kennenlernen.

Je mehr ein Imperium sich humanisiert, um so mehr entwickeln sich in ihm die Widersprüche, an denen es zugrunde gehen wird. Da es von zusammengesetzter Gestalt und heterogenem Aufbau ist (im Gegensatz zu der organischen Wirklichkeit einer Nation), braucht es, um fortbestehen zu können, das zusammenhaltende Prinzip des Terrors. Öffnet es sich der Toleranz – wird sie seine Einheit und seine Kraft zerstören und wie ein tödliches Gift wirken, das es sich selbst verabreicht hätte. Denn Toleranz ist nicht nur ein Pseudonym der Freiheit, sondern auch des Geistes; und der Geist ist für die Weltreiche noch verhängnisvoller als für die Individuen, er nagt sie an, unterhöhlt ihre Festigkeit und beschleunigt ihr Zerbröckeln. Darum ist er das eigentliche Instrument, dessen sich eine ironische Vorsehung bedient, um sie zu schlagen.

Wenn man sich mit dem Versuch, so willkürlich er sein mag, vergnügen wollte, in Europa *Zonen* der Vitalität aufzustellen, dann würde man konstatieren, daß der Instinkt stärker wird, je weiter man nach Osten kommt, und daß er abnimmt, je weiter man sich nach Westen wendet. Die Russen sind weit davon entfernt, ihn für sich allein zu besitzen, obwohl die Nationen, denen er ebenfalls zu eigen ist, in verschiedenen Graden der sowjetischen Einflußsphäre angehören. Diese Nationen haben noch nicht ihr letztes Wort gesagt, noch lange nicht; einige, wie Polen oder Ungarn, spielen in der Geschichte eine nebensächliche Rolle; andre, wie Jugoslawien, Bulgarien und Rumänien, haben im Schatten gelebt und nur kurze, folgenlose Aufschwünge erlebt. Doch wie auch ihre Vergangenheit gewesen sein mag, sie alle, und zwar unabhängig von ihrem Zivilisationsniveau, verfügen noch über einen biologischen Energievorrat, den man im Okzident vergebens suchen würde. Mißhandelt, enterbt, in ein anonymes Martyrium gestürzt, zwischen Entmachtung und Aufruhr gespalten, werden sie vielleicht in Zukunft eine Kompensation für so viele Prüfungen, Demütigungen und sogar für all ihr feiges Versagen finden. Der *Stärkegrad des Instinkts* läßt sich von außen nicht beurteilen; um seine Intensität zu ermessen, muß man in diesen Gegenden gelebt haben oder sie wenigstens aus der Nähe kennen, die einzigen in der Welt, die in ihrer schönen Verblendung noch in die Zukunft des Westens Vertrauen setzen. Stellen wir uns einmal vor, unser Kontinent sei dem russischen Imperium einverleibt, stellen wir uns dann vor, wie dieses zu weiträumige Imperium morsch wird und zerfällt und wie demenstprechend die Völker sich wieder selbständig machen: welche von ihnen würden die Oberhand gewinnen und dem alten Europa jene zusätzliche Ungeduld und Kraft bringen, ohne die eine unheilbare Erstarrung es erwartet? Für mich kann kein Zweifel bestehen: es wären jene, die ich eben erwähnt habe. Angesichts des Rufes, in dem sie stehen, wird meine Behauptung lächerlich erscheinen. Für Mitteleuropa mag es noch hingehen, wird man mir sagen. Aber die Balkanesen? – Ich will sie nicht verteidigen, doch ich will auch ihre Ruhmestitel nicht verschweigen. Diese Lust an der Verheerung, am inneren Durcheinander, eine Welt, die einem brennenden Bordell gleicht, dieser sardonische Ausblick auf erlebte oder bevorstehende Sintfluten, diese bittere Schärfe, dieses *farniente* von Schlafwandlern oder Mördern, eine so reiche und schwere Erbmasse, ist das denn nichts, ein solches Vermächtnis, das denen zuteil wird, die daraus hervorgegangen sind? Und wenn sie mit einer »Seele« geschlagen sind, bestätigen sie gerade dadurch, daß sie sich einen Rückstand von Wildheit bewahrt haben. Schamlos und trostlos, möchten sie sich im Ruhm wälzen, und ihre Ruhmsucht ist untrennbar von ihrem Willen sich zu behaupten und unterzugehen, von ihrer Neigung zu einer *jähen* Dämmerung. Wenn ihre Sprache heftig ist, ihre Stimmen unmenschlich und manchmal gemein, so gibt es tausend Gründe, die sie dazu treiben, lauter zu schreien als jene Zivilisierten, die ihre Lautstärke erschöpft haben. Als einzige »Primitive« in Europa werden sie ihm vielleicht einen neuen Anstoß geben; und gewiß wird es dies als seine letzte Demütigung betrachten. Und doch, wenn der Südosten nichts als abscheulich wäre, wie käme es, daß einer, der ihn verlassen hat und in diesen Teil der Welt hier herübergekommen ist, etwas empfindet wie einen Absturz ins Leere – einen wundervollen allerdings?

Das tiefe Leben, die verborgene Existenz solcher Völker, die den unermeßlichen Vorteil hatten, bisher von der Geschichte übersprungen worden zu sein und die deshalb ein Kapital von Träumen ansammeln konnten, dieses vergrabene Dasein, dem die Unbilden einer Wiederauferstehung verheißen sind, beginnt jenseits von Wien, dem geographischen Grenzort der okzidentalen Brüchigkeit. Österreich, dessen Verbrauchtheit einerseits an das Symbolische, andererseits an das Komische heranreicht, hat das Schicksal Deutschlands vorgebildet. Kein weitausholender Schwung mehr bei den Germanen, keine Botschaft und kein Irrwahn, nichts mehr, was sie anziehend oder hassenswert machen könnte! Als prädestinierte Barbaren zerstörten sie das römische Weltreich, damit Europa entstehen konnte; sie gründeten es und waren dazu bestimmt, es zugrundezurichten; es machte ihre Schwankungen mit und erlag dem Gegenschlag ihrer Erschöpfung. Und wenn sie noch Dynamik besitzen, so haben sie doch nicht mehr das, was sich hinter jeder Energie verbirgt oder sie rechtfertigt. Sie sind der Belanglosigkeit verfallen, künftige Helvetier, für immer ihrer gewohnten Maßlosigkeit entrissen, darauf beschränkt, ihre heruntergekommenen Tugenden und ihre verminderten Laster wiederzukäuen; als einzige Hoffnung ist ihnen das Dasein eines beliebigen Volksstammes geblieben. Darum sind sie der Furcht nicht würdig, die sie immer noch erregen können: wer an sie glaubt und sie fürchtet, erweist ihnen eine Ehre, die sie kaum noch verdienen. Ihre Niederlage war die Vorsehung für Rußland. Hätten sie Erfolg gehabt, wäre Rußland mindestens für ein Jahrhundert von seinen großen Zielen zurückgeworfen worden. Aber sie konnten nicht Erfolg haben, denn sie erreichten den Gipfel ihrer materiellen Macht zu einem Zeitpunkt, da sie uns nichts mehr zu bieten hatten: sie waren *stark* und *leer*. Die Stunde hatte schon für die andern geschlagen. »Sind die Slawen nicht die *alten Germanen* im Verhältnis zur absterbenden Welt?« fragte sich schon Alexander Herzen um die Mitte des vorigen Jahrhunderts, der scharfsinnigste und am tiefsten zerrissene der russischen Liberalen. Er war ein Geist voller prophetischer Fragestellungen, seines Vaterlandes überdrüssig, vom Okzident enttäuscht und ebenso unfähig, sich in einer Heimat einzurichten wie einem Problem geduldig auf den Grund zu gehen, so gern er auch über das Leben der Völker spekulierte, über dieses vage, unerschöpfliche Thema, das zum Zeitvertreib eines Emigranten wie geschaffen ist. Die Völker jedoch, will man einem andern Russen, Solowjew, Glauben schenken, sind nicht, was sie sich zu sein einbilden, sondern was Gott in seiner Ewigkeit von ihnen denkt. Ich weiß nicht, welche Ansichten Gott über Germanen und Slawen hat; ich weiß nur, er hat diese letzteren begünstigt, und es ist ebenso sinnlos, ihn dafür zu loben wie ihn deswegen zu tadeln.

Heute ist die Frage entschieden, die so viele Russen sich im vorigen Jahrhundert über ihr Land gestellt haben: »Ist denn dieser Koloß für nichts und wieder nichts erschaffen worden?« Der Koloß hat offenkundig einen Sinn, und was für einen! Eine ideologische Erdkarte würde zeigen, daß er sich weit über seine Grenzen hinaus erstreckt, daß er seine Grenzpfähle auf-

richtet, wo er will, wo es ihm Spaß macht, und seine Gegenwart überall weniger die Vorstellung einer Krise weckt als die einer manchmal heilsamen, oft unheilbringenden, stets aber jäh um sich greifenden Epidemie.
Das römische Weltreich war die Leistung einer Stadt; England gründete das seine, um der Raumnot einer Insel zu steuern; Deutschland versuchte ein Imperium zu errichten, um nicht auf seinem übervölkerten eigenen Lebensraum zu ersticken. Rußland, ein Phänomen ohne Parallele, mußte seine Expansionsabsichten mit seiner unermeßlichen Weite rechtfertigen. »Sobald ich genug habe, warum soll ich nicht *zuviel* haben?«, dieses Paradox liegt in seinen Kundgebungen und in seinem Schweigen. Es machte das Unendliche zu einer politischen Kategorie, warf die klassische Konzeption und die traditionellen Begriffe des Imperialismus um, und damit erregte es über die Welt hin eine Hoffnung, die zu groß war, um nicht in Bestürzung umschlagen zu müssen.

Nach zehn Jahrhunderten voll Schrecken, Finsternissen und Verheißungen war das russische Volk geeigneter als irgendein anderes, mit der nächtlichen Seite des historischen Moments, den wir durchleben, übereinzustimmen. Die Apokalypse steht ihm wundervoll zu Gesicht, es ist an sie gewöhnt und weiß sie zu genießen, und heute betätigt es sich mehr als je auf diesem Gebiet, denn es hat sichtlich seinen Rhythmus verändert. »Wohin rasest du, Rußland?«, fragte schon Gogol, dem die Hast nicht entgangen war, die es unter seiner scheinbaren Unbeweglichkeit verbarg. Wir wissen heute, wohin es rennt, vor allem wissen wir, daß es, nach dem Vorbild anderer für ein Imperium bestimmten Nationen, ungeduldiger ist, die Probleme der andern zu lösen als die eigenen. Das heißt, unsere Laufbahn *in der Zeit* hängt davon ab, was es beschließen oder unternehmen wird: es hält unsere Zukunft in der Hand ... Glücklicherweise erschöpft sich unsere Substanz nicht *in der Zeit*. Das Unzerstörbare, das

Anderswo, bleibt denkmöglich: in uns?, außer uns?, wie soll man es wissen? Jedenfalls verdienen an dem Punkte, wo die Dinge jetzt stehen, nur noch die Fragen der Strategie und der Metaphysik Interesse, diejenigen, die uns in die Geschichte einfügen, und diejenigen, die uns ihr entreißen: die Aktualität und das Absolute, die Zeitung und die Evangelien ... Ich sehe den Tag kommen, an dem wir nur noch Telegramme und Gebete lesen werden. Bemerkenswerte Tatsache: je mehr das Unmittelbare uns absorbiert, um so mehr empfinden wir das Bedürfnis, uns auf die Gegenseite zu stellen, so daß wir innerhalb des gleichen Augenblicks in der Welt und außerhalb der Welt leben. So bleibt uns angesichts der Parade der Weltreiche nur übrig, einen Ausgleich zwischen dem Grinsen und der Seelenruhe zu suchen.

Paris, 1958

Wer die Versuchung nicht kennt, der Erste in der Staatsgemeinschaft zu sein, der versteht nichts vom Spiel der Politik, nichts von dem Willen, die andern zu unterjochen und Objekte aus ihnen zu machen, und er ahnt auch nichts von den Elementen, auf denen die Kunst des Verachtens beruht. Der Machthunger – wenige haben ihn nicht in irgendeinem Grade empfunden: er ist uns natürlich, und dennoch bekommt er, wenn man ihn genau betrachtet, alle Kennzeichen eines krankhaften Zustandes. Nur durch äußere Umstände werden wir von ihm geheilt, oder auch durch ein inneres Reifwerden, wie es sich etwa in Karl V. vollzog, als er zu Brüssel abdankte und damit der Welt die Lehre erteilte, daß ein Übermaß an Müdigkeit ebenso bewundernswerte Auftritte zeitigen kann wie ein Übermaß an Mut. Aber ob als Anomalie oder als menschliches Wunder, der Verzicht ist eine Herausforderung gegenüber unseren Konstanten, gegenüber unserer Identität und ereignet sich nur in außergewöhnlichen Momenten, ein Grenzfall, der den Philosophen beglückt und den Historiker aus der Fassung bringt.

Prüfe dich in dem Augenblick, wo der Ehrgeiz dir zusetzt und sein Fieber dich schüttelt; zergliedere dann deine »Anfälle«. Du wirst feststellen, daß merkwürdige Symptome ihnen vorhergehen: eine besondere Art von Hitze, die dich unablässig überschwemmt und beängstigt. Weil du die Hoffnung mißbraucht hast, vergiftet dich die Zukunft, und du fühlst dich auf einmal für das Gegenwärtige und für das Kommende verantwortlich,

du lebst im Kern der Zeit, die, mit all deinen Schauern aufgeladen, zum Wirkstoff einer universellen Anarchie geworden ist, und du träumst davon, mit ihr zusammen zu explodieren. Die Ereignisse in deinem Hirn und die wechselnden Strömungen in deinem Blut haben dich auf deine Geistesverwirrung aufmerksam gemacht, deren Anzeichen du belauerst und liebevoll behütest. Der politische Wahnsinn, Quelle von unvergleichlichen Störungen und Unannehmlichkeiten, überwältigt und überschwemmt zwar die Intelligenz, doch sie läßt dich in einem heilsamen Chaos versinken. Die Vorstellung des Guten und besonders des Schlimmen, das du vollbringen zu können meinst, wird dir Freude und Entzücken bereiten; und das Zauberkunststück, das Wunderwerk deiner Gebrechen wird gerade darin bestehen, daß sie dich zum Herrn über alle und alles erheben.
In deiner Umgebung wirst du eine ähnliche Geistesverwirrung bei denen bemerken, die von der gleichen Passion verzehrt werden. Unter ihrer Herrschaft werden sie sich selbst nicht ähnlich sehen und einer von allen andern verschiedenen Trunkenheit verfallen sein. Bis zur Klangfarbe ihrer Stimme wird alles an ihnen sich verwandeln. Der Ehrgeiz ist eine Droge, sie macht aus dem, der sich ihr verschreibt, einen potentiell Irren. Wer diese Stigmata, diesen Ausdruck eines verstörten Tieres, diese fahrigen Gesten, die aus einer widerlichen Ekstase zu kommen scheinen, wer sie weder an sich selbst noch an anderen beobachtet hat, dem werden Fluch und Segen der *Macht* fremd bleiben, der Macht, dieser tonischen Hölle, Synthese aus Gift und Wundermedizin.
Jetzt male dir einmal den umgekehrten Vorgang aus: nach dem Verschwinden des Fiebers kommst du dir entzaubert vor, normal *bis zum Exzeß*. Keinerlei Ehrgeiz mehr, also auch keinerlei Mittel, jemand oder etwas zu sein; das Nichts in Person, das inkarnierte Nichts: hellsichtige Drüsen und Eingeweide, enttäuschte Knochen, ein Körper, von Luzidität übermannt, rein von sich selbst, außerhalb des Spiels, außerhalb der Zeit, an-

gehängt an ein Ich, welches in einem totalen Wissen *ohne Kenntnisse* erstarrt ist. Wo ihn wiederfinden, den entflohenen Augenblick? Wer wird ihn dir wiedergeben? Überall Wahnwitzige oder Verhexte, eine Menge von Anomalen; die Vernunft hat sie verlassen, um bei dir Zuflucht zu suchen, bei dem einzigen, der alles begriffen hat, den absoluten Zuschauer, der sich zwischen die Betrogenen verirrt hat und für immer der einmütigen Farce trotzt. Da der Zwischenraum, der dich von den andern trennt, nicht aufhört größer zu werden, wirst du dich schließlich fragen, ob du nicht irgendeine Wahrheit erkannt hast, die sich allen entzieht. Der Inhalt dieser winzigen oder kapitalen Offenbarung wird dir dunkel bleiben. Das einzige Ding, dessen du sicher bist, ist deine Fähigkeit zu einem unerhörten Gleichgewicht, Gewinn eines Geistes, der sich aus jeder Komplizenschaft mit andern gelöst hat. Vernünftig bis zur Ungebühr, ausgewogener als alle Weisen, so kommst du dir selbst vor... Und wenn du dennoch den Wahnsinnigen ähnelst, die dich umgeben, so fühlst du, daß ein Nichts dich für immer von ihnen unterscheidet; diese Empfindung oder diese Illusion bewirkt, daß du, auch wenn du die gleichen Handlungen wie sie ausführst, weder den gleichen Eifer noch die gleiche Überzeugung hineinlegst. Falschspielen wird für dich ein Ehrenstandpunkt sein und die einzige Möglichkeit, deiner »Anfälle« Herr zu werden und ihre Wiederkehr zu verhindern. Wenn dazu nicht mehr und nicht weniger als eine Offenbarung nötig gewesen ist, oder ein Zusammenbruch, so folgerst du daraus, daß diejenigen, die keine ähnliche Krise durchgemacht haben, mehr und mehr in die uns Menschen angeborenen Extravaganzen versinken werden.

Hat man die Symmetrie bemerkt? Um ein Politiker zu werden, das heißt um das Zeug zu einem Tyrannen zu haben, dazu bedarf es einer geistigen Verstörung; um aufzuhören es zu sein, dazu ist eine andere geistige Verstörung nicht weniger erforderlich; sollte es sich im Grunde nicht um eine Metamorphose unseres Größenwahnsinns handeln? Vertauscht man den Willen, der

Erste in der Staatsgemeinschaft zu sein, mit dem Willen, der Letzte darin zu sein, so setzt man durch eine Mutation des Stolzes an die Stelle einer dynamischen Tollheit eine statische: eine ungewohnte Art von Verrücktheit, ebenso ungewohnt wie der daraus hervorgehende Verzicht, der mehr mit Askese als mit Politik zu tun hat und darum schon nicht mehr zu unserem Thema gehört.

Da sich die Machtgier seit Jahrtausenden auf vielfältige kleine und große Tyranneien verzettelt hat, die bald hier, bald dort ihren Druck ausgeübt haben, scheint der Zeitpunkt gekommen, wo sie sich endlich sammeln, sich endlich konzentrieren muß, um in einer einzigen zu gipfeln, einem einzigen Ausdruck für diesen Hunger, der den Erdball verzehrt hat und verzehrt, dem Endziel all unserer Machtträume, der Krönung unserer Erwartungen und unserer Verirrungen. Das weitverstreute menschliche Herdenvieh wird unter der Obhut eines unerbittlichen Hirten vereinigt sein, einer Art planetarischen Ungeheuers, vor dem die Nationen in einem der Ekstase nahen Ergriffensein sich niederwerfen werden. Wenn die ganze Welt auf den Knien liegt, wird ein wichtiges Kapitel der Geschichte abgeschlossen sein. Dann wird das neue Reich anfangen sich aufzuspalten und allmählich zur ursprünglichen Unordnung zurückkehren, zur alten Anarchie; die unterdrückten Haßgefühle und Laster werden wieder auferstehen und mit ihnen die kleinen Tyrannen der versunkenen Kulturkreise. Statt der großen Sklaverei die x-beliebige Sklaverei. Aber nach dem Ablauf einer Zeitspanne monumentaler Knechtschaft werden die Opfer, soweit sie überlebt haben, stolz auf ihre Schande und ihre Furcht sein und das Andenken eines unvergleichlichen Schicksals feiern.
Albrecht Dürer ist mein Prophet. Je mehr ich den Aufmarsch der Jahrhunderte betrachte, um so mehr überzeuge ich mich davon: das einzige Bild, das ihren Sinn enthüllen könnte, sind die *Apokalyptischen Reiter*. Die Zeitalter bewegen sich nicht anders

fort als in zermalmendem Galopp, sie überrennen die Volksmengen unter sich; die Schwachen gehen zugrunde, die Starken ebenso, und sogar diese Reiter, außer *einem*. Für ihn, für seinen entsetzlichen Ruhm, haben die Völker der Geschichte gelitten und gebrüllt. Ich sehe ihn größer werden am Horizont, ich ahne unser Stöhnen voraus, höre sogar schon unsere Schreie. Und die Nacht, die in unsere Gebeine sinken wird, sie wird uns nicht den Frieden bringen wie dem Psalmisten, sondern das Entsetzen.

Wenn man unsere Epoche nach den Tyrannen beurteilen will, die sie hervorgebracht hat, dann wird sie alles gewesen sein, nur nicht mittelmäßig. Um vergleichbare zu finden, müßte man schon bis zum Römischen Weltreich oder den Mongolenzügen zurückgehen. Sehr viel eher als Stalin ist Hitler derjenige, der für dieses Jahrhundert tonangebend war. Weniger seiner selbst wegen ist er wichtig als wegen des Kommenden, das er ankündigt, Entwurf unserer Zukunft, Herold eines finsteren Werdens und einer kosmischen Hysterie, Vorläufer jenes Despoten auf interkontinentaler Ebene, dem die Vereinheitlichung der Welt durch die Wissenschaft gelingen wird – denn die Wissenschaft ist nicht dazu bestimmt, uns zu befreien, sondern uns zu verknechten. Das hat man schon früher gewußt; eines Tages wird man es von neuem wissen. Wir sind geboren, um zu existieren, nicht um zu erkennen; um dazusein, nicht um uns zu bestätigen. Nachdem das Wissen unsere Machtgier aufgestört und angestachelt hat, wird es uns unerbittlich in unseren Untergang führen. Die *Genesis* hat unsere Lage besser dargestellt als unsere Träume und unsere Systeme es taten.

Was wir durch uns selbst gelernt haben, gleichviel welche aus unserem eigenen Grund gezogene Erkenntnis, das werden wir durch zusätzliche Gleichgewichtsverluste zu büßen haben. Das Wissen, diese Frucht einer innersten Unordnung, einer erklärten oder unklaren Krankheit, einer Störung an der Wurzel unseres Daseins, das Wissen verändert die ökonomischen Verhältnisse eines Lebewesens. Jeder muß bezahlen für den geringsten Eingriff in den Zusammenhang einer für Gleichgültigkeit und Stagnation geschaffenen Welt; früher oder später wird er bereuen, daß er sie angetastet hat. Das ist wahr in bezug auf die Erkenntnis, noch wahrer ist es in bezug auf den Ehrgeiz, denn den Rechten eines andern Menschen Gewalt anzutun zieht ernstere und unmittelbarere Folgen nach sich als dem Mysterium oder einfach der Materie Gewalt anzutun. Anfangs versetzt man die andern in Schrecken, doch am Ende lassen dich die andern an ihrem Zähneklappern teilnehmen. Darum leben die Tyrannen, auch sie, in Angst und Not. Was unser künftiger Herr und Meister davon zu erfahren bekommt, wird gewiß überhöht sein von einem düsteren Glücksgefühl, wie noch kein Mensch je ein ähnliches erlebt hat, denn er wird *par excellence* der Einsame sein, aufrecht der ganzen Menschheit gegenüber, gleich einem Gott, der im Schrecken thront, in einer allmächtigen Panik ohne Anfang und Ende den Ingrimm eines Prometheus mit der Anmaßung eines Jehova verbindend, Ärgernis für die Phantasie und für das Denken, Herausforderung für Mythologie und Theologie zugleich.

Nach den auf eine Stadt, ein Königreich oder Kaiserreich beschränkten Ungeheuern ist es nur natürlich, daß mächtigere auftreten, begünstigt durch einen großen Zusammenbruch, durch die Liquidierung der Nationen und unserer Freiheiten. Die Geschichte, in deren Rahmen wir das Gegenteil von dem erreichen, was wir erstreben, und unaufhörlich unser Sinnen und Trachten ändern, die Geschichte ist sicherlich nicht von engelhafter Wesensart. Wenn wir sie betrachten, bleibt uns nichts mehr als der eine Wunsch: die Erbitterung zur Würde einer Gnosis zu erheben.

Alle Menschen sind mehr oder weniger neidisch; die Politiker sind es in absolutem Maße. Politiker kann man erst dann werden, wenn man niemanden neben oder gar über sich erträgt. Sich in eine Unternehmung stürzen, gleichviel in welche, und wäre es die allerunbedeutendste, heißt schon dem Neid opfern, diesem höchsten Vorrecht der Lebenden, Gesetz und Triebfeder ihrer Taten. Wenn er dich verläßt, bist du nur noch ein Insekt, ein Nichts, ein Schatten. Und ein Kranker. Wenn er dir Halt gibt, schafft er Abhilfe gegen die Ohnmacht des Stolzes, er wacht über deine Interessen, triumphiert über die Apathie, vollbringt Wunder über Wunder. Ist es nicht seltsam, daß noch keine Therapeutik und keine Ethik seine Wohltaten gepriesen hat, obgleich er barmherziger als die Vorsehung unseren Schritten vorausgeht und sie lenkt? Weh über den, der ihn nicht kennt, ihn vernachlässigt oder sich ihm entzieht! Zu gleicher Zeit entzieht er sich den Folgen der Erbsünde, dem Bedürfnis zu handeln, zu erschaffen und zu zerstören. Wenn er unfähig ist, auf die andern eifersüchtig zu sein, was hätte er dann noch unter ihnen zu suchen? Das Schicksal eines Strandguts erwartet ihn. Um ihn zu retten, müßte man ihn zwingen, sich nach dem Vorbild der Tyrannen zu formen, aus ihrem Unmaß, ihren Missetaten eine Lehre für sich zu gewinnen. Von ihnen, nicht von den Weisen, wird er lernen, wie man den Geschmack an den Dingen wiederfindet, wie man lebt, wie man sich erniedrigt. Zur Sünde steige er zurück, die Erbschuld vollziehe er nach, wenn auch er Anteil haben will an der allgemeinen Entwürdigung, an dieser Euphorie der Verdammnis, in welche die Geschöpfe getaucht sind. Wird er dahin gelangen? Nichts ist weniger gewiß, denn was er von den Tyrannen übernimmt, ist nur ihre Einsamkeit. Beklagen wir ihn, haben wir Mitleid mit einem Elenden: weil er sich nicht dazu herablassen will, seine Laster zu unterhalten oder mit irgend jemand zu rivalisieren, bleibt er diesseits seiner selbst und unter dem Niveau aller andern.

Wenn die Taten Früchte des Neides sind, wird man verstehen, warum der politische Kampf in seiner letzten Ausdrucksform rückführbar ist auf die zur sicheren Ausmerzung unserer Jünger oder unserer Feinde geeigneten Ränke und Schliche. Willst du zielgerecht zuschlagen? Dann mußt du als Erste diejenigen liqui-

dieren, die in deinen Kategorien und nach deinen Prinzipien denken, an deiner Seite den gleichen Weg zurückgelegt haben und eben deshalb notwendigerweise darauf sinnen, dich zu verdrängen oder dich zu vernichten. Das sind die gefährlichsten deiner Rivalen; beschränke dich auf sie, die andern können warten. Würde ich die Macht ergreifen, so wäre meine erste Sorge darauf gerichtet, alle meine Freunde verschwinden zu lassen. Anders vorgehen heißt pfuschen, heißt die Tyrannei in Mißkredit bringen. Hitler, der in dieser Materie sehr kompetent war, legte Weisheit an den Tag, als er sich Röhm, den einzigen Menschen, den er duzte, und einen großen Teil seiner ersten Gefährten vom Halse schaffte. Stalin war seinerseits nicht weniger auf der Höhe, wie die Moskauer Prozesse bezeugen.
Solange ein Eroberer Erfolg hat, solange er vorankommt, kann er sich jede beliebige Missetat leisten; die öffentliche Meinung spricht ihn frei; sobald ihn das Glück im Stich läßt, wendet sich der geringste Irrtum gegen ihn. Alles hängt von dem *Augenblick* ab, in dem man tötet: das im vollen Ruhmesglanz begangene Verbrechen konsolidiert die Macht durch die heilige Furcht, die es einflößt. Die Kunst, sich fürchten und respektieren zu lassen, ist ebensoviel wert wie der Sinn für die günstige Gelegenheit. Mussolini, der eigentliche Typ des ungeschickten oder ungesegneten Despoten, wurde grausam, als sein Scheitern offenkundig und sein Prestige verblaßt war: einige Monate voll ungelegener Racheakte vernichteten die Arbeit von zwanzig Jahren. Napoleon war da in anderer Weise scharfsichtig: hätte er den Herzog von Enghien später hinrichten lassen, zum Beispiel nach dem russischen Feldzug, dann würde er in der Erinnerung als Henker weiterleben; jetzt dagegen ist dieser Mord nur ein Fleck auf seinem Angedenken und nichts weiter.
Wenn man zur Not auch ohne Verbrechen regieren kann, so kann man es doch auf gar keinen Fall ohne Ungerechtigkeiten. Es handelt sich darum, die einen wie die andern richtig zu dosieren, sie nur von Zeit zu Zeit zu begehen. Damit man sie dir

verzeiht, mußt du Zorn oder Tobsucht vortäuschen können, du mußt den Eindruck hervorrufen, daß dein Blut aus Unachtsamkeit aufwallt und furchtbare Pläne unter dem Deckmantel des Wohlwollens verfolgen. Die absolute Macht ist keine leichte Sache: in ihr zeichnen sich nur Komödianten aus oder Mörder großen Formats. Nichts Bewunderungswürdigeres im menschlichen Sinne und nichts Kläglicheres geschichtlich genommen, als ein Tyrann, der von seinen Skrupeln demoralisiert wird.

»Und das Volk?« wird man sagen. Der Denker oder Geschichtsschreiber, der dieses Wort ohne Ironie gebraucht, disqualifiziert sich selbst. Das »Volk« – man weiß nur allzu gut, was ihm bestimmt ist: die Ereignisse zu erleiden und die Launen der Regierenden, indem es sich für Pläne hergibt, die es verkrüppeln und bedrücken. Jedes politische Experiment, so »fortschrittlich« es auch sein mag, entwickelt sich auf seine Kosten, richtet sich gegen sein Interesse: durch göttlichen oder teuflischen Beschluß trägt es die Stigmata der Sklaverei. Unnütz es zu bemitleiden: seine Sache ist aussichtslos. Nationen und Reiche bilden sich aufgrund seiner Gefälligkeit gegenüber der schweren Unbill, deren Gegenstand es ist. Kein Staatschef oder Eroberer, der es nicht verachtete; doch es akzeptiert diese Verachtung und lebt davon. Würde es aufhören, zu Kreuze zu kriechen oder Opfer zu sein, dann würde es seine Bestimmung verfehlen, die Gesellschaft müßte aufhören zu existieren und mit ihr die Geschichte schlechthin. Seien wir nicht zu optimistisch: nichts an ihm gibt das Recht, eine so schöne Eventualität als möglich anzusehen. So wie es ist, stellt es eine Einladung zur Despotie dar. Es erträgt seine Prüfungen, wünscht sie sich manchmal selbst herbei und revoltiert nur, um neuen entgegenzulaufen, die grausamer sind als die alten. Da die Revolution sein einziger Luxus ist, stürzt es sich Hals über Kopf hinein, weniger um ein paar Vergünstigungen oder Verbesserungen seines Schicksals daraus zu gewinnen, als vielmehr, weil es auch für sich selbst das Recht erwerben möchte, unverschämt zu sein, einen Vorteil, der es mit seinen gewohnheitsmäßigen Geschicken versöhnt, den es aber sogleich verliert, wenn die Privilegien der Unordnung aufgehoben werden. Da keine Regierungsform sein Wohl sichert, findet es sich ab mit allen und jeder. Und von der Sintflut bis zum Jüngsten Gericht gibt es nichts, worauf es Anspruch erheben darf, als dies: anständig seine Mission als Besiegter zu erfüllen.

Um auf die Freunde zurückzukommen, es gibt außer der schon angeführten Begründung, sie verschwinden zu lassen, noch eine andere: sie kennen zu genau unsere Grenzen und unsere Mängel (darin besteht die Freundschaft und in nichts sonst), um die geringste Illusion über unsere Talente zu hegen. Darüber hinaus verhalten sie sich feindselig gegen unsere Beförderung zum Rang eines Idols, zu der die öffentliche Meinung durchaus bereit wäre; sie fühlen sich verantwortlich für die Bewahrung unserer Mittelmäßigkeit, unserer *wirklichen* Dimensionen; sie lassen den Mythos abschwellen, den wir so gern aus unserem eigenen Subjekt gemacht hätten, legen uns fest auf unsere exakte Gestalt, denunzieren das falsche Bild, das wir von uns selbst haben. Und wenn sie uns einmal einiges Lob spenden, legen sie so viele Anspielungen und Subtilitäten hinein, daß ihre Schmeichelei durch ihre Hintergründigkeit einer Beleidigung gleichkommt. Was sie insgeheim wünschen, ist unsere Erschlaffung, unsere Demütigung und unser Ruin. Da sie unsren Erfolg mit einer Usurpation gleichsetzen, verwenden sie ihren ganzen Scharfsinn auf die Prüfung unserer Gedanken und unserer Gebärden, um deren Leere publik zu machen, und werden erst milde, wenn wir den Abhang hinunterzugleiten beginnen. So lebhaft ist ihr Interesse am Schauspiel unseres Hinunterstolperns, daß sie uns von da ab wirklich lieben, über unsere Mißgeschicke gerührt sind, die ihrigen fliehen, um die unsrigen zu teilen und sich daran zu weiden. Solange wir auf der Höhe waren, forschten sie uns mitleidlos nach, waren sie *objektiv;* jetzt können sie sich die Eleganz erlauben, uns anders zu sehen als wir sind und uns unsere früheren Erfolge zu verzeihen, denn sie sind ja überzeugt, daß wir keinen neuen mehr haben werden. Und so groß ist ihre Schwäche für uns, daß sie ihre beste Zeit dazu verschwenden, sich über unsere Ungestalt zu beugen und über unsere Not in Verzückung zu geraten. Es war der größte Irrtum Cäsars, daß er seinen Freunden nicht mißtraute, denen, die ihn aus der Nähe beobachteten und nicht dulden konnten, daß er göttliche Herkunft für sich beanspruchte; sie weigerten sich, ihn zu vergöttlichen; die Menge war damit einverstanden, aber die Menge ist mit allem einverstanden. Wenn er sich ihrer entledigt hätte, würde er statt eines glanzlosen Todes eine verlängerte Apotheose erlebt haben, eine prachtvolle Entrückung, wie sie sich für einen wahren Gott gehört. Trotz seiner Gescheitheit hatte er naive Züge, er wußte nicht, daß unsere Vertrauten die schlimmsten Feinde unseres *Standbilds* sind.

In einer Republik, dem Paradies der Schwäche, ist der Politiker ein kleiner Tyrann, der sich den Gesetzen unterwirft; aber ein starker Mann respektiert sie nicht, oder er respektiert doch nur die, deren Urheber er selbst ist. Als Experte des Unverantwortlichen hält er das Ultimatum für den Ehrenpunkt und die Krönung seiner Laufbahn. Imstande zu sein, eines oder mehrere zu stellen, ruft mit Sicherheit eine Wollust hervor, neben der alle andern nur leeres Getue sind. Ich vermag nicht zu fassen, wie man die Lenkung der Dinge erstreben kann, ohne nach dieser Provokation ohnegleichen zu trachten, der unverschämtesten, die es gibt, noch verabscheuungswürdiger als die Aggression, die ihr gewöhnlich auf dem Fuße folgt. »An wievielen Ultimatums ist er schuld?« müßte die Frage sein, die man sich bei einem Staatschef stellt. Hat er keines auf seinem Aktivkonto? Dann verachtet ihn die Geschichte, sie, die erst beim Kapitel des Grauens zum Leben erwacht und sich langweilt bei dem der Toleranz, bei dem des Liberalismus, des Regimes, das die Temperamente verkümmern läßt und die virulentesten bestenfalls mit den Zügen süßlicher Verschwörer ausstattet.

Ich beklage diejenigen, die niemals von einer maßlosen Herrschaft geträumt, niemals den Wirbel der Zeitalter in ihrem eigenen Innern erlebt haben. Was für eine Zeit, als Ahriman mein Prinzip und mein Gott war, als ich, ungesättigt von Barbarei, in mir die Horden anstürmen und süße Katastrophen über mich bringen fühlte! Es nützt mir jetzt nichts, daß ich zur Bescheidenheit herabgesunken bin, ich habe mir dennoch eine Schwäche bewahrt für die Tyrannen, die ich immer noch den Erlösern und den Propheten vorziehe; ich ziehe sie vor, weil sie sich nicht hinter Formeln verbergen, weil ihr Nimbus zweideutig, ihre Begierde selbstzerstörerisch ist, während die andern zwar von einem grenzenlosen Ehrgeiz besessen sind, ihre Ziele jedoch unter trügerischen Geboten tarnen, sich vom Staatsbürger abwenden, um über die Gewissen zu herrschen, sich ihrer zu bemächtigen, sich in sie einzupflanzen, langdauernde Verheerungen darin zu verursachen, ohne sich den – gewiß berechtigten – Vorwurf der Indiskretion und des Sadismus zuzuziehen. Was wiegt die Macht der Eroberer neben der eines Buddha, eines Jesus oder eines Mohammed? Verzichte auf die Idee des Ruhms, wenn du dich nicht verlockt fühlst, eine Religion zu stiften! Obgleich in diesem Sektor die Plätze besetzt sind, und wohlbesetzt, resignieren die Menschen nicht so bald: was sind die Sektenführer anderes als Religionsstifter zweiten Grades? Auch wenn man nur die reale Auswirkung ansieht, stellen ein Calvin oder ein Luther, weil sie Konflikte ausgelöst haben, die auch heute noch nicht geschlichtet sind, einen Karl V. oder einen Philipp II. in den Schatten. Der geistliche Cäsarismus ist raffinierter und reicher an Umwälzungen als der Cäsarismus im eigentlichen Sinne: wenn du einen Namen hinterlassen willst, hefte ihn lieber an eine Kirche als an ein Imperium. Dann wirst du Neophyten haben, die deinem Geschick und deinen Anwandlungen wahrhaft hörig sind, Gläubige, die du nach deinem Belieben retten oder malträtieren kannst.

Die Führer einer Sekte schrecken vor nichts zurück, denn auch noch ihre Skrupel sind ein Teil ihrer Taktik. Aber ohne bis zu dem Extremfall der Sekten zu gehen, ist es für die Ansprüche des Ehrgeizes besser, einfach einen neuen religiösen Orden zu gründen als eine Staatsgemeinschaft zu regieren oder mit Waffengewalt Eroberungen zu machen. In die Geister eindringen, sich ihrer Geheimnisse bemächtigen, sie gewissermaßen ihrer selbst, ihrer Einzigkeit berauben, ihnen sogar noch das für unverletzlich gehaltene Privileg des »eigenen Innern« wegnehmen –, welcher Tyrann, welcher Eroberer hat sich so hoch verstiegen? Jedenfalls ist die religiöse Strategie subtiler, zwielichtiger als die politische. Man vergleiche nur die *Geistlichen Exerzitien*, die hinter ihrer selbstlosen Haltung so arglistig sind, mit der nackten Aufrichtigkeit des *Fürsten* Macchiavells, und man wird den Abstand ermessen, der die Tücken des Beichtstuhls von denen einer Kanzlei oder eines Thrones trennt.

Je mehr die Machtgier sich bei den geistlichen Führern übersteigert, desto mehr lassen sie es sich angelegen sein, und nicht ohne Grund, sie bei andern im Zaum zu halten. Jeder Beliebige von uns, der sich selbst überlassen bliebe, könnte sich des Raumes bemächtigen, sogar der Luft, und sich für deren Eigentümer halten. Eine Gesellschaft, die den Anspruch erhöbe, vollkommen zu sein, müßte die Zwangsjacke zur Mode erheben oder sie für obligatorisch erklären. Denn der Mensch bewegt sich nur, um Böses zu tun. Wenn die Religionen sich Mühe geben, ihn von seiner Machtbesessenheit zu heilen, so treffen sie sich darin mit den autoritären Regierungsformen, denn ganz wie diese, wenn auch mit anderen Methoden, wollen sie ihn zähmen, seine Natur, seine angeborene Megalomanie niederzwingen. Was bisher ihren Kredit gefestigt hat, wodurch sie über unsere Triebe triumphieren, ich meine das asketische Element, ist genau das, was heute aufgehört hat, uns zu fesseln. Eine gefährliche Befreiung mußte sich daraus ergeben; unbeherrschbar in jedem Sinne, völlig emanzipiert, unserer Ketten und unserer Wahnvorstellungen entledigt, sind wir reif für die Therapie des Terrors. Wer nach der vollständigen Freiheit trachtet, gelangt nur dahin,

um zu seinem Ausgangspunkt zurückzukehren, zur Verknechtung, mit der alles begann. Daher die Verwundbarkeit der hochentwickelten Gesellschaften, dieser amorphen Massen ohne Idole und Ideale, gefährlich frei von Fanatismus, organischer Bindungen ermangelnd, und so ratlos inmitten ihrer Launen und ihrer Zuckungen, daß sie – und dies ist der einzige Traum, dessen sie noch fähig sind – ihre Hoffnung auf die Sekurität und die Dogmen der Unterjochung setzen. Unfähig noch länger die Verantwortung für ihre Schicksale auf sich zu nehmen, verschwören sie sich mehr noch als die unverfeinerten Gesellschaften für das Heraufkommen der Despotie, damit diese sie von den letzten Resten einer übermüdeten, gegenstandslosen und unnötig lästigen Machtgier befreie.
Eine Welt ohne Tyrannen wäre ebenso langweilig wie ein Zoologischer Garten ohne Hyänen. Der Meister, den wir im Schrecken erwarten, wird wahrhaftig ein Liebhaber der Verwesung sein, in dessen Gegenwart wir alle die Gestalt von Aasen annehmen werden. Er soll nur kommen und uns beschnuppern, er soll sich in unseren Ausdünstungen suhlen! Schon schwebt ein neuer Geruch über der Welt.

Um der politischen Versuchung nicht nachzugeben, muß man sich jeden Augenblick in der Kontrolle haben. Wie soll einem das gelingen, besonders in einem demokratischen Staat, dessen Hauptschwäche es ist, dem ersten besten das Streben nach der Macht zu erlauben und seinen Ehrgeizregungen freie Bahn zu lassen. Daraus ergibt sich ein Gewimmel von Großsprechern, von Phrasendreschern ohne innere Bestimmung, irgendwelchen Narren, denen das Schicksal seine Prägung verweigert, unfähig zu reinem Wahnwitz, ungeeignet sowohl für den Triumph wie für den Zusammenbruch. Gerade ihre Nichtigkeit ermöglicht und sichert indessen unsere Freiheiten, die von Ausnahmepersönlichkeiten nur bedroht werden. Eine Republik, die sich selbst achtet, müßte in Schrecken geraten beim Auftauchen eines großen Mannes, ihn aus ihrem Schoße verbannen oder wenigstens verhindern, daß sich eine Legende um ihn bildet. Widersteht ihr dem? Die Heimsuchung, die ihr droht, blendet sie, und sie glaubt nicht mehr an ihre Einrichtungen und an ihr Daseinsrecht. Sie verwickelt sich in ihren Gesetzen, und diese Gesetze, die ihren Feind beschützen, machen sie zur Demission bereit und verpflichten sie dazu. Weil sie ihrer übertriebenen Duldsamkeit erliegt, schont sie den Gegner, der sie nicht schonen wird, autorisiert die Mythen, die sie untergraben und zerstören, läßt sich von den sanften Manieren ihres Henkers fangen. Verdient sie denn weiterzubestehen, wenn ihre eigenen Prinzipien sie zum Verschwinden auffordern? Tragisches Paradox der Freiheit: die Mittelmäßigen, die sie praktisch allein ermöglichen, sind nicht imstande, ihr Fortbestehen zu garantieren. Ihnen, den Bedeutungslosen, schulden wir alles, und durch sie verlieren wir alles. Diese Mittelmäßigkeit habe ich gehaßt, damals, als ich die Tyrannen ohne Vorbehalt liebte, von denen man immer wieder sagen muß, daß sie – im Gegensatz zu ihrer Karikatur (jeder Demokrat ist ein Operettentyrann) – ein Schicksal haben, *zuviel* Schicksal sogar. Und wenn ich ihnen einen Kult geweiht habe, so deshalb, weil sie den Instinkt zum Befehlen besitzen und sich nicht zu Gesprächen oder Beweisführungen erniedrigen: sie befehlen, dekretieren, ohne sich dazu herabzulassen, ihre Taten zu rechtfertigen; daher ihr Zynismus, den ich über alle Tugenden und über alle Laster gestellt habe, Kennzeichen von Überlegenheit, ja von Vornehmheit: in meinen Augen isolierte er sie von der ganzen übrigen Welt. Da ich mich ihrer durch die Tat nicht würdig erweisen konnte, hoffte ich durch das Wort dahin zu gelangen, durch den Gebrauch von Sophismen und ungeheuerlichen Übertreibungen: mit den Mitteln des Geistes so hassenswert sein wie sie es mit den Mitteln der Macht waren, Verheerungen mit der Rede anrichten, das Wort in die Luft sprengen und mit ihm die Welt, mit beiden zusammen explodieren und am Ende unter ihren Trümmern begraben werden! Jetzt aber, da ich mich von diesen Extravaganzen, von all dem, was meine Tage aufgehöht hat, betrogen fühle, bin ich dabei, mir einen Bürgerstaat zu erträumen, ein Wunder an Maßhalten, gelenkt von einem Team ein klein wenig altersschwacher Achtziger, deren mechanische Milde mit genügend Klarblick verbunden wäre, um von ihrer Gebrechlichkeit guten Gebrauch zu machen, frei von Verlangen, Bedauern und Zweifel, und so besorgt um das allgemeine Gleichgewicht und das öffentliche Wohl, daß sie schon ein Lächeln als Anzeichen von Ausschreitung und Auflehnung betrachten. Und so tief bin ich heute gesunken, daß auch noch die Demokraten mir zu ehrgeizig und zu tollwütig erscheinen. Ich würde ihr Streitgefährte sein, wenn ihr Haß gegen die Tyrannei rein wäre; aber sie verwerfen sie nur deshalb, weil sie von ihr ins Privatleben verwiesen und mit ihrem Nichts konfrontiert werden. Die einzige Art von Größe, die sie erreichen könnten, ist die des Scheiterns. Liquidieren steht ihnen gut an, sie gefallen sich darin, und wenn sie sich darin hervortun, verdienen sie unseren Respekt. Im allgemeinen bedarf es, um einen Staat zum Ruin zu führen, eines gewissen Trainings, es bedarf einer besonderen Veranlagung, ja sogar Begabung. Aber es kann geschehen, daß die äußeren Umstände sich dazu hergeben; dann ist die Aufgabe leicht, wie es das Beispiel der verfallenden Länder zeigt, die keine inneren Hilfsquellen mehr haben und der Unlösbarkeit, dem Zerrissenwerden, dem Spiel entgegengesetzter Meinungen und Tendenzen preisgegeben sind. Dies war die Lage im alten Griechenland. Da wir gerade vom Scheitern sprechen: das seinige war vollkommen; man möchte sagen, es arbeitete daran, um es als Modellfall vorzuschlagen und der Nachwelt ein für alle Male den Mut zu nehmen, sich darin zu versuchen. Seit dem dritten Jahrhundert vor Christus war seine Substanz verschleudert, wankten seine Idole, wurde sein politisches Leben zwischen der mazedonischen Partei und der römischen Partei aufgespalten. Daher mußte es, wenn es seine Krisen lösen, dem Fluch seiner Freiheit widerstehen wollte, zur Fremdherrschaft seine Zuflucht nehmen, mehr als fünfhundert Jahre lang das Joch Roms ertragen; eben der hohe Grad seiner Verfeinerung und seiner Alterskrankheit hatte es dazu getrieben. Da sich der Polytheismus in einen Haufen Fabeln aufgelöst hatte, war es im Begriff, seinen religiösen Genius zu verlieren und mit ihm seinen politischen Genius, zwei untrennbar verbundene Realitäten: seine Götter in Frage stellen heißt die Staatsgemeinschaft in Frage stellen, der sie vorstehen. Griechenland konnte sie nicht überleben, ebensowenig wie Rom die seinen überleben konnte. Um sich zu überzeugen, daß es zusammen mit seinem religiösen Instinkt auch seinen politischen Instinkt verlor, braucht man nur seine Reaktionen während der Bürgerkriege zu betrachten: immer ist es auf der falschen Seite, es verbündete sich mit Pompejus gegen Cäsar, mit Brutus gegen Oktavian und Antonius, mit Antonius gegen Oktavian, schloß sich also regelmäßig dem Unglück an, als hätte es in der Kontinuität des Fiaskos eine Garantie für Dauerhaftigkeit gefunden, den Trost und die Bequemlichkeit des Unabänderlichen. Die Nationen, die ihrer Götter müde sind oder deren Götter ihrer müde geworden sind, riskieren um so leichter den Untergang, je kultivierter sie sind. Als die Römer im Kontakt mit den Griechen sich endlich verfeinerten, also schwächer wurden, waren die Tage der Republik gezählt. Sie fanden sich mit der Diktatur ab, riefen sie vielleicht heimlich herbei: kein Rubikon ohne die Mitwirkung einer kollektiven Müdigkeit.

Das Todesprinzip, das allen Regierungsformen anhaftet, wird in den Republiken deutlicher wahrnehmbar als in den Diktaturen: die ersten proklamieren und plakatieren es, die zweiten verheimlichen und leugnen es. Nichtsdestoweniger gelingt es diesen letzteren, dank ihrer Methoden, sich eine längere und vor allem eine *reicher ausgefüllte* Lebensdauer zu sichern; sie provozieren, sie kultivieren das Ereignis, während die andern gern darauf verzichten, denn die Freiheit ist ein Zustand der Abwesenheit, einer Abwesenheit, die zu entarten droht, wenn die Bürger erschöpft sind durch die Fron, sie selbst zu sein, und nur noch danach trachten, sich zu demütigen und sich zu entäußern, ihr Heimweh nach der Knechtschaft zu befriedigen. Nichts Betrüblicheres als die Entkräftung und der innere Verfall einer Republik: man müßte davon im Tone einer Elegie oder eines Epigramms reden oder noch besser in dem des *Esprit des lois:* »Als Sulla ihm die Freiheit wiedergeben wollte, konnte Rom sie nicht mehr annehmen; es hatte nur noch einen schwachen Rest von Manneskraft; und da es immer weniger davon hatte, versank es, anstatt nach Cäsar, Tiberius, Caius, Claudius, Nero, Domitian aufzuwachen, immer mehr in Sklaverei: alle Anschläge galten den Tyrannen, keiner der Tyrannei.« – Ja, die Tyrannei, gerade an ihr kann man allmählich Gefallen finden, denn manchmal möchte der Mensch lieber in der Furcht vermodern als die Angst, er selbst zu sein, auf sich nehmen. Wenn dieses Phänomen allgemein geworden ist, erscheinen die Cäsaren: wie kann man sie schmähen, da sie doch den Forderungen unserer Misere und dem Flehen unserer Feigheit Antwort geben? Sie verdienen sogar, daß man sie bewundert: alle Wege führen sie zum Mord, sie denken unaufhörlich an ihn, akzeptieren sein Grauen und seine Schändlichkeit und weihen ihm all ihr Denken bis zu dem Grade, daß sie den Selbstmord und das Exil vergessen, diese weniger aufsehenerregenden, aber milderen und angenehmeren Formeln. Da sie für das Schwierigste optiert haben, können sie nur in Zeiten der Unsicherheit zur vollen Entfaltung kommen, um das Chaos zu unterhalten oder zu drosseln. Die günstigste Epoche für ihr Emporsteigen fällt mit dem Ende eines Kulturkreises zusammen. Das ist offenkundig für die antike Welt, wird es nicht weniger für die moderne Welt sein, die geradewegs auf eine Tyrannei losgeht, auf eine, die anders beachtlich sein wird als jene, die in den ersten Jahrhunderten unserer Ära wütete. Die allerelementarste Meditation über den historischen Prozeß, dessen Endphase wir sind, zeigt uns, daß der Cäsarismus der Modus sein wird, in dem sich das Opfer unserer Freiheiten vollenden wird.

Wenn die Kontinente zusammengeschweißt, vereinheitlicht werden sollen, dann wird dafür die Gewalt sorgen und nicht die Überredung; wie das Römische Reich wird auch das kommende Weltreich durch das Schwert geschmiedet werden, und wir alle werden bei seiner Errichtung mitwirken, denn unsere Schrecken selbst verlangen nach ihm.
Hält man mir entgegen, daß ich phantasiere, so erwidere ich, es ist in der Tat möglich, daß ich allzu eilig antizipiere. Auf die Daten kommt es kaum an. Die ersten Christen erwarteten das Weltende von einem Augenblick zum andern; sie haben sich nur um ein paar Jahrtausende geirrt... Auf einer ganz anderen Ebene der Erwartung kann auch ich mich irren; aber schließlich läßt eine Vision sich weder abwiegen noch beweisen: diese, die ich von der künftigen Tyrannei habe, drängt sich mir mit einer so endgültigen Gewißheit auf, daß es mir entehrend schiene, ihre feste Grundlage beweisen zu wollen. Es handelt sich um eine Sicherheit, die zugleich etwas von einem Schauer hat und von einem Axiom. Ich stehe für sie ein mit der Hingerissenheit eines religiösen Schwärmers und mit der Bestimmtheit eines Mathematikers. Nein, ich phantasiere weder, noch irre ich mich. Und ich könnte nicht einmal mit Keats sagen, daß »ich fühle, wie der Schatten über mich hereinbricht«. Viel eher überstürzt mich ein Licht, ein genaues und unerträgliches, und es läßt mich nicht etwa das Ende der Welt ins Auge fassen, das hieße phantasieren, sondern das Ende eines Zivilisationsstils und einer Daseinsweise. Wenn ich mich auf die unmittelbare Gegenwart beschränke, und insbesondere auf Europa, so leuchtet mir mit letzter Klarheit ein, daß hier die Einheit sich nicht, wie manche denken, durch Übereinkunft und Beratungen bilden wird, sondern durch die Gewalt, nach den Gesetzen, die das Entstehen von Imperien bestimmen. Diese alten Nationen sind so festgefahren in ihren Eifersüchteleien und ihren provinziellen Zwangsvorstellungen, daß sie nur dann Verzicht leisten und sich davon freimachen werden, wenn eine eiserne Hand sie dazu

zwingt, denn niemals werden sie aus freien Stücken ihre Zustimmung geben. Sind sie einmal unterjocht, werden sie in ihrer gemeinsamen Demütigung und Niederlage, unter dem wachsamen und höhnischen Blick ihres neuen Meisters, die Fähigkeit finden, sich einem übernationalen Werk zuzuwenden. Ihre Knechtschaft wird funkeln, sie werden sie mit Eifer und Taktgefühl pflegen, nicht ohne dabei die letzten Reste ihres Genius zu verbrauchen. Den Glanz ihrer Sklaverei werden sie teuer bezahlen.

So wird Europa, den Zeiten vorauseilend, wie von jeher der Welt das Beispiel geben, und seine Aufgabe als Protagonist und Opfer wird ihm Ruhm bringen. Seine Mission hat darin bestanden, die Prüfungen der andern vorzuformen, für sie und vor ihnen zu leiden, ihnen seine eigenen Konvulsionen als Vorbild zu bieten, damit es ihnen erlassen sei, eigene, persönliche zu erfinden. Je mehr es sich für sie verausgabte, je mehr es sich quälte und aufregte, um so besser lebten sie als Parasiten seiner Schrecknisse und als Erben seiner Auflehnungen. Auch in Zukunft werden sie sich nach ihm ausrichten, bis zu dem Tage, wo es so erschöpft sein wird, daß es ihnen nichts mehr vermachen kann als Abfälle.

ODYSSEE DER RANKÜNE

Wir verwenden die meiste Zeit unserer schlaflosen Nächte dazu, unsere Feinde zu zerfetzen, ihnen Augen und Eingeweide herauszureißen, ihre Adern zu pressen und auszuleeren, jedes ihrer Organe zu zerstampfen und zu zermahlen, wir gönnen ihnen barmherzigerweise gerade noch ein Recht auf ihr Skelett. Nach diesem Zugeständnis beruhigen wir uns, denn wir sind richtig müde geworden und sinken sanft in den Schlaf. Eine sehr wohlverdiente Ruhe nach soviel Eifer und Genauigkeit. Übrigens müssen wir unsere Kräfte wiederherstellen, um das Verfahren in der nächsten Nacht von neuem zu beginnen, eine Arbeit wieder aufnehmen zu können, die einem Herkules, auch wenn er Schlächter von Beruf wäre, den Mut nehmen würde. Ganz entschieden – Feinde haben, das ist keine Sinekure.

Das Programm unserer Nächte würde nicht so belastet sein, wenn es uns am Tage erlaubt wäre, unseren schlimmen Trieben freien Lauf zu lassen. Um zwar nicht das Glück, aber wenigstens das Gleichgewicht zu erringen, müßten wir einen guten Teil unserer Mitmenschen aus der Welt schaffen, Tag für Tag den Massenmord praktizieren, nach dem Vorbild unserer hochgesegneten und weit entfernten Vorväter. Doch nicht so sehr gesegnet, mag man einwenden, denn die schwache Bevölkerungsdichte des Höhlenzeitalters gestattete ihnen kaum, sich immerfort nur gegenseitig umzubringen. Meinetwegen! Doch sie hatten Kompensationen, sie waren besser dran als wir: zu jeder beliebigen Stunde des Tages konnten sie auf Jagd gehen, über die wilden

Tiere herfallen, und das waren auch Mitgeschöpfe, die sie niedermachten. Im Blutvergießen geübt, konnten sie ihre Tollwut ohne Mühe stillen; sie brauchten ihre mörderischen Absichten nicht zu verheimlichen oder aufzuschieben, im Gegensatz zu uns, die wir dazu verdammt sind, unsere Wildheit zu überwachen und im Zaum zu halten, sie in uns leiden und stöhnen zu lassen, wir, die wir abwarten müssen und genötigt sind, unsere Racheakte zu verzögern oder ganz auf sie zu verzichten.

Sich nicht rächen heißt, sich an die Idee des Verzeihens ketten, sich verbohren, sich eingraben, unrein werden durch den Haß, den man in sich erstickt. Der Feind, den wir verschont haben, geht uns nicht aus dem Sinn, er verfolgt und verstört uns, besonders wenn wir *beschlossen* haben, ihn nicht mehr zu verabscheuen. Darum vermögen wir ihm auch nur wirklich zu verzeihen, wenn wir seinen Sturz als Mittäter oder Zuschauer erlebt haben, wenn er uns das Schauspiel eines schändlichen Endes bietet oder aber, dies ist die höchste Versöhnung, wenn wir seinen Leichnam betrachten. Seltenes Glück allerdings; man sollte nicht damit rechnen. Denn der Feind geht nie zu Boden; immer aufrecht und triumphierend, erhebt er sich uns gegenüber – dies ist seine Grundgestalt – und setzt unserem schüchternen Grinsen seinen üppigen Hohn entgegen.

Nichts macht unglücklicher als die Pflicht, dem eigenen Wesensgrund, dem Ruf seiner Ursprünge zu widerstehen. Daraus ergeben sich die Qualen des Zivilisationsmenschen, der nur noch lächeln darf, an Höflichkeit und Doppelzüngigkeit gebunden, unfähig, seinen Gegner anders als in Reden zu vernichten, auf die Verleumdung angewiesen und gleichsam verzweifelt, töten zu müssen ohne zu handeln, allein durch die Kraft des Wortes, dieses unsichtbaren Dolches. Die Wege der Grausamkeit sind verschieden. Die Konversation tritt an die Stelle des Dschungels und gestattet unserer tierischen Natur, sich ohne unmittelbaren Schaden für unsere Nächsten zu verausgaben. Wenn uns durch einen bösen Zauber der Gebrauch der Sprache entzogen würde, dann wäre niemand mehr in Sicherheit. Das Bedürfnis zu morden, das uns im Blut liegt, haben wir mit Erfolg in unsere Gedanken übertragen: einzig dieses Akrobatenkunststück erklärt die Möglichkeit und den Bestand der Gesellschaft. Muß man daraus schließen, daß wir dahin gelangt sind, unsere angeborene Verderbnis, unser Talent zum Töten zu bezwingen? Das hieße sich einer Täuschung hingeben, was die Fähigkeit des Wortes betrifft, und seine Zauberkraft überschätzen. Die Grausamkeit, die man ererbt hat, über die man verfügt, läßt sich nicht so leicht zähmen; solange man sich ihr nicht ganz und gar ausliefert, solange man sie nicht ausgeschöpft hat, bewahrt man sie im geheimsten Innern, macht man sich nie ganz von ihr frei. Der ausgeprägte Mörder überlegt sich seine Gewalttat, bereitet sie vor, vollbringt sie, und indem er sie vollbringt, befreit er sich für eine Zeit von seinen Impulsen; derjenige dagegen, der nicht tötet, weil er nicht töten kann, obwohl er dazu Lust hat, der nicht verwirklichte Mörder, der Möchtegern, der Elegiker des Gemetzels, begeht im Geiste eine unbegrenzte Anzahl von Verbrechen und quält sich und leidet viel mehr als der andere, weil er das Bedauern aller Scheußlichkeiten, die er nicht verüben konnte, mit sich herumschleppt. Einer, der es nicht wagt, sich zu rächen, vergiftet seine Tage, er verflucht seine Skrupel und den widernatürlichen Akt der Vergebung. Zweifellos ist auch die Rache nicht immer süß: ist sie einmal ausgeführt, dann fühlt man sich dem Opfer gegenüber *minderwertig*, oder man verwickelt sich in den Subtilitäten der Reue; auch sie hat also ihr eigenes Gift, wenn sie auch dem, was man ist, dem, was man empfindet, dem Eigengesetz jedes einzelnen besser entspricht; sie ist auch *gesünder* als die Großmut. Die Furien wurden für älter erachtet als die Götter, Jupiter einbegriffen. Die Rache geht der Gottheit vorher! Darin zeigt sich die mündige Intuition der antiken Mythologie.

Jene, die – sei es aus Unvermögen, sei es aus Mangel an Gelegenheit oder theatralischer Großherzigkeit – auf die Ränke ihrer Feinde nicht reagiert haben, tragen auf ihren Gesichtern die Stigmata des unterdrückten Zornes, die Spuren der Kränkung und der Schmach, die Entehrung, verziehen zu haben. Die Ohrfeigen, die sie nicht ausgeteilt haben, wenden sich gegen sie zurück, schlagen ihr Antlitz in geballter Masse und machen ihre Feigheit sichtbar. Verirrt und heimgesucht, über ihre eigene Schande gebeugt, mit Bitterkeit gesättigt, aufsässig gegen sich selbst und gegen die andern, nach innen gekehrt und dabei bis zum Zerspringen gespannt, leisten sie sozusagen eine übermenschliche Anstrengung, um eine drohende Konvulsion von sich abzuwenden. Je größer ihre Ungeduld ist, um so sorgfältiger müssen sie sie tarnen, und wenn es ihnen nicht gelingt, explodieren sie am Ende doch, aber unnütz, töricht, denn sie gehen in Lächerlichkeit unter, weil sie zuviel Galle und Schweigen in sich angesammelt haben und deshalb im entscheidenden Moment vor ihren Feinden jede Haltung verlieren und sich ihrer unwürdig erweisen. Ihr Scheitern wird ihren Groll nur noch vermehren, und jede Erfahrung, so belanglos sie sein mag, bringt ihnen nur einen weiteren Zuwachs ihrer Gehässigkeit ein.

Milde wird man, *gut* wird man nur, indem man das Beste seiner Natur zerstört, den Körper der Zuchtrute der Anämie, den Geist der des Vergessens unterwirft. Solange man sich auch nur einen Schatten von Erinnerungsvermögen bewahrt, wird das Verzeihen nichts anderes sein als ein Kampf mit den eigenen Instinkten, eine Aggression gegen das eigene Ich. Gerade unsere Niederträchtigkeiten bringen uns in Einklang mit uns selbst, sichern unsere Kontinuität, verbinden uns mit unserer Vergangenheit, steigern unsere Vergegenwärtigungspotenz; ebenso besitzen wir nur Einbildungskraft, wenn wir auf das Unglück anderer warten, in den Wallungen des Widerwillens, in dieser inneren Bereitschaft, die uns dazu drängt, wenn nicht Ruchlosigkeiten zu begehen, so doch sie wenigstens zu erträumen. Wie könnte es anders sein auf einem Planeten, wo das Fleisch sich mit der

Schamlosigkeit einer Landplage fortpflanzt? Wohin man auch seine Schritte lenkt, überall stößt man auf Menschliches, eine abstoßende Allgegenwart, vor der man in Erstarren oder Auflehnung stürzt, in eine brennende Benommenheit. Einst, als der Raum weniger überfüllt, weniger von Menschen verseucht war, gab es unzweifelhaft von einer wohltätigen Kraft inspirierte Sekten, die die Kastration predigten und praktizierten; durch ein höllisches Paradox sind sie gerade zu dem Zeitpunkt abgetreten, wo ihre Doktrin angemessener und heilsamer als je gewesen wäre. Wir Maniaken der Fortpflanzung, Zweifüßler mit entwerteten Gesichtern, wir haben jeden Reiz füreinander verloren, und erst auf einer halbverödeten, höchstens von ein paar tausend Einwohnern bevölkerten Erde könnten unsere Physiognomien ihr altes Ansehen zurückgewinnen. Die Vervielfältigung unserer Artgenossen grenzt ans Ekelhafte; die Pflicht sie zu lieben an Verschrobenheit. Dessen ungeachtet sind alle unsere Gedanken von der Gegenwart des Menschlichen angesteckt, sie *riechen* nach dem Menschlichen, sie vermögen nicht davon loszukommen. Welche Wahrheit könnte man ihnen zutrauen, zu welcher Offenbarung könnten sie sich aufschwingen, wenn diese Pestilenz den Geist erstickt und ihn unfähig macht, etwas anderes zu betrachten als dieses schädliche und übelriechende Lebewesen, dessen Ausdünstungen er preisgegeben ist? Einer, der zu schwach ist, um dem Menschen den Krieg zu erklären, sollte nie vergessen, in seinen frommen Augenblicken für das Hereinbrechen einer zweiten Sintflut zu beten, die radikaler sein müßte als die erste.

Die Erkenntnis zerstört die Liebe: je mehr wir unsere eigenen Geheimnisse durchschauen, desto mehr verabscheuen wir unsere Mitmenschen, eben weil sie uns ähneln. Hat man keine Illusionen mehr über sich selbst, dann bewahrt man sich auch keine mehr über die andern; das Unnennbare, das man durch Introspektion an den Tag bringt, dehnt man vermöge einer berechtigten Verallgemeinerung auf alle übrigen Sterblichen aus; da sie

in ihrem Wesensgrund verdorben sind, irrt man sich nicht, wenn man ihnen alle Laster zutraut. Merkwürdig genug, die meisten von ihnen zeigen sich unfähig oder widerspenstig, sie aufzustöbern, sie in sich selbst oder bei andern zu konstatieren. Es ist leicht, das Böse zu tun: jedermann gelangt dazu; es ausdrücklich auf sich zu nehmen, seine unerbittliche Realität anzuerkennen, das ist dagegen eine ungewöhnliche Tat. Praktisch kann der erste beste mit dem Teufel in Wettbewerb treten; in der Theorie geht er andere Wege. Grauenvolles verüben und *das Grauen* begreifen sind zwei Handlungen, die nichts miteinander zu tun haben: kein gemeinsamer Punkt zwischen dem gelebten Zynismus und dem abstrakten Zynismus. Mißtrauen wir denen, die sich einer tröstlichen Philosophie verschreiben, die an das Gute glauben und es zum Idol erheben möchten; sie wären nicht dahin gekommen, hätten sie, gewissenhaft über sich selbst gebeugt, ihre Tiefen oder ihre Miasmen sondiert; die aber, es sind allerdings wenige, die neugierig oder unglücklich genug gewesen sind, um in den Bodensatz ihres Wesens hinabzutauchen, wissen, woran sie sich in bezug auf den Menschen zu halten haben: sie werden ihn nicht mehr lieben können, denn sie lieben sich selbst nicht mehr, und doch bleiben sie – das wird ihre Strafe sein – mehr noch als vorher an ihr Ich geschmiedet . . .
Damit wir den Glauben an uns und an andere behalten und den illusorischen Charakter, die Nichtigkeit jedes Tuns, wie es auch sei, nicht wahrnehmen, hat die Natur uns für uns selber opak gemacht, einer Verblendung unterworfen, die die Welt erzeugt und sie regiert. Unternähmen wir eine ausgiebige Nachforschung über uns selbst, dann würde der Ekel uns lähmen und uns zu einer fruchtlosen Existenz verurteilen. Die Unvereinbarkeit von Tat und Selbsterkenntnis scheint Sokrates entgangen zu sein; hätte er in seiner Eigenschaft als Pädagoge, als Helfershelfer der Menschen, sonst gewagt, sich die Devise des Orakels zu eigen zu machen, mit all den Abgründen des Verzichts, die sie voraussetzt und zu denen sie uns auffordert?

Solange man einen eigenen Willen hat und darauf Wert legt (dies ist der Vorwurf, den man Luzifer machte), ist die Rache ein Imperativ, eine organische Notwendigkeit, welche die Welt der Verschiedenheit definiert, die Welt des »Ich«, und in der Welt der Identität keinen Sinn haben könnte. »In dem Einen atmen wir« (Plotin) – wenn das wahr wäre, an wem sollten wir uns rächen, dort wo jeder Unterschied sich verwischt, wo wir im Ununterscheidbaren miteinander kommunizieren und unsere Umrisse verlieren? Wirklich atmen wir aber im Vielfältigen; unser Reich ist das »Ich«, und das »Ich« bringt kein Heil. Dasein heißt, sich zur Empfindung herablassen, also zur Selbstbehauptung; daraus ergibt sich das Nicht-Wissen (mit seiner unmittelbaren Folge: der Rache) als Prinzip der Phantasmagorie, Quelle unserer Rastlosigkeit auf Erden. Je mehr wir darauf sinnen, uns unserem Ich zu entreißen, um so tiefer versinken wir darin. Vergebens trachten wir danach es zu sprengen, im selben Augenblick, wo wir meinen, es sei uns gelungen, zeigt es sich selbstgewisser als je; alle Maßnahmen, die wir treffen, um es zum Einsturz zu bringen, vermehren nur seine Kraft und seine Festigkeit, und es ist so zäh und so pervers, daß es sich im Leiden noch weiter ausdehnt als in der Freude. Das gilt von unserem Ich, also erst recht von unseren Werken. Wenn wir uns einmal davon befreit zu haben meinen, sind wir fester als je daran geklammert: unsere Werke wachsen uns über den Kopf, selbst wenn sie zu Attrappen herabgesetzt sind, und machen uns untertan. Auch an einer Unternehmung, in die wir uns nur durch Überredung oder gegen unseren Willen hineinziehen ließen, werden wir zu guter Letzt immer Interesse gewinnen, wir werden ihre Sklaven oder ihre Narren sein. Niemand macht eine Bewegung, ohne der Vielfalt hörig zu werden, den Erscheinungen, dem »Ich«. Handeln heißt, am Absoluten Verrat üben.

Die Selbstherrlichkeit der Werke kommt, sagen wir es unumwunden, von unseren Lastern, die ein größeres Daseinskontingent besetzt halten als unsere Tugenden. Wenn wir uns die Sache des Lebens zu eigen machen, und ganz besonders die der Geschichte, dann erscheinen sie nützlich im höchsten Grade: ist es nicht nur ihnen zu verdanken, daß wir uns an die Dinge klammern und auf Erden Ansehen gewinnen? Sie sind von unserer Seinslage untrennbar, frei von ihnen ist nur die Strohpuppe. Sie boykottieren wollen, heißt sich gegen sich selbst verschwören, die Waffen mitten im Kampf niederlegen, sich in den Augen des Nächsten diskreditieren oder für immer leer stehen. Der Geizige verdient, daß man ihn beneidet, nicht etwa um sein Geld, sondern eben gerade um seinen Geiz, der sein wahrer Schatz ist. Das Laster, das nichts nur obenhin erledigt, legt den Einzelnen auf einen Sektor des Wirklichen fest, und indem es ihn dort einpflanzt, beschäftigt es ihn, vertieft ihn, gibt ihm eine Rechtfertigung, lenkt ihn vom Ungefähren ab. Der praktische Wert der Manien, der Ausschweifungen und der Verirrungen braucht nicht mehr bewiesen zu werden. Je mehr wir uns in dieser Welt ansiedeln, im unmittelbar Gegenwärtigen, wo die Willensregungen aufeinandertreffen, wo die Begierde, die erste Rolle zu spielen, grassiert, um so gewisser wird ein kleines Laster an Wirksamkeit einer großen Tugend überlegen sein. Die *politische* Dimension der Lebewesen (wenn man unter Politik die Krönung des Biologischen versteht) bürgt für die Aufrechterhaltung des Reiches der Taten, des Reiches der dynamischen Verworfenheit. Uns selbst erkennen, heißt die schmutzige Triebfeder unseres Tuns identifizieren, das Uneingestehbare, das unserem Grundstoff eingeprägt ist, die Summe der mit Händen zu greifenden oder verheimlichten Miseren, von denen unsere Leistung abhängt. Alles was aus den unteren Zonen unserer Natur ausstrahlt, ist mit Kraft ausgestattet, alles was von unten kommt, stachelt an: man schafft und betreibt seine Angelegenheiten in jedem Fall besser aus Eifersucht und Raubgier als aus Edelmut und Selbstlosigkeit. Die Unfruchtbarkeit bedroht nur jene, die sich nicht dazu herablassen, ihre Charakterfehler zu pflegen und unter die Leute zu bringen. Welches auch unser Sektor sein mag, es geziemt sich für uns, wenn wir uns darin auszeichnen wollen, die unersättliche Seite unseres Charakters zu kultivieren; wir sollten unsere Neigungen zum Fanatismus, zur Unduldsamkeit und zur Vergeltung liebevoll fördern. Nichts ist verdächtiger als die Fruchtbarkeit. Wenn du die Reinheit suchst, wenn du auf irgendeine innere Transparenz Anspruch erhebst, dann mußt du unverzüglich deine Talente verleugnen, aus dem Kreislauf der Taten aussteigen, dich außerhalb des Menschlichen stellen, du mußt verzichten – im frommen Stil gesprochen – verzichten auf das »Gespräch der Geschöpfe« ...

Große Gaben sind weit davon entfernt, große Fehler auszuschließen, sie rufen sie im Gegenteil herbei und verstärken sie. Wenn die Heiligen sich dieser oder jener Missetat beschuldigen, muß man ihnen aufs Wort glauben. Schon allein das Interesse, das sie den Leiden der anderen entgegenbringen, zeugt gegen sie. Ihr Mitleid, das Mitleid allgemein gesprochen, ist es etwas anderes als das *Laster* der Güte? Da es seine Wirksamkeit aus dem bösen Prinzip gewinnt, das es in sich verbirgt, jubelt es bei den Schicksalsprüfungen der anderen, weidet sich daran, läßt sich ihr Gift wohlschmecken, wirft sich auf alle Übel, die es wahrnimmt oder vorausahnt, träumt von der Hölle wie von einem verheißenen Land, postuliert sie, dürfte kaum dazu fähig sein, ihrer zu entraten, und wenn es nicht an sich schon destruktiv ist, so zieht es doch seinen Vorteil aus allem, was zerstört. Als äußerste Verirrung der Güte entwickelt es sich letztlich zu ihrer Negation, bei den Heiligen noch mehr als bei uns. Um sich davon zu überzeugen, braucht man nur aufmerksam in ihren Lebensbeschreibungen zu lesen, und man wird darin den Heißhunger beobachten können, mit dem sie sich auf unsere Sünden stürzen, die Sehnsucht, die sie nach dem rasenden Hinuntergleiten und nach der grenzenlosen Reue empfinden, ihre Erbitterung angesichts der Mittelmäßigkeit unserer Verbrechen und ihr Bedauern, daß sie sich nicht größere Martern um unserer Erlösung willen auferlegen müssen.

So hoch man sich erheben mag, man bleibt Gefangener seiner Natur, seiner angestammten Sündigkeit. Menschen mit großen Absichten oder einfach mit Talenten sind prächtige und scheußliche Ungeheuer, sie sehen aus, als brüteten sie über irgendeiner schrecklichen Gewalttat; und wahrhaftig, sie bereiten ihr Werk vor ..., sie arbeiten daran, hinterhältig wie Übeltäter: werden sie nicht alle diejenigen zu Boden strecken müssen, die den gleichen Weg verfolgen wie sie selbst? Man rackert sich ab, und man bringt etwas hervor, einzig und allein um andere Wesen oder *das Wesen* zu Fall zu bringen, Rivalen oder *den Rivalen.* Auf jedem beliebigen Niveau führen die Geister miteinander Krieg, gefallen sich in der Herausforderung, wälzen sich darin: sogar die Heiligen beargwöhnen und verstoßen sich gegenseitig, wie übrigens auch die Götter, Beweis genug ihre unaufhörlichen Streitigkeiten, die Landplage eines jeden Olymp. Wer in dic gleiche Domäne eindringt oder das gleiche Problem aufnimmt wie wir, verübt einen Anschlag auf unsere Originalität, auf unsere Vorrechte, auf die Unverletzlichkeit unseres Daseins, er beraubt uns unserer Chimären und unserer Chancen. Die Pflicht ihn zu fällen, ihn zu zerschmettern, oder ihn wenigstens zu verunglimpfen, nimmt die Form einer Mission an, sogar einer schicksalhaften Notwendigkeit. Einzig bekömmlich ist uns einer, der sich zurückhält, der sich in keiner Weise manifestiert; doch auch er darf nicht in den Rang eines Vorbilds erhoben werden: der *anerkannte* Weise erregt und rechtfertigt den Neid. Sogar ein Nichtstuer, wenn er sich im Nichtstun auszeichnet, wenn er darin glänzt, läuft das Risiko, als Schelm behandelt zu werden: er lenkt allzuviel Aufmerksamkeit auf sich ... Das Ideal wäre eine wohldosierte Bescheidenheit. Dahin gelangt keiner.

Ruhm erwirbt man nur auf Kosten der andern, jener, die ebenfalls danach trachten, und schon ein bloßer Achtungserfolg wird nur um den Preis zahlloser Ungerechtigkeiten erreicht. Wer aus der Namenlosigkeit hervorgetreten ist oder sich auch nur Mühe gibt, daraus hervorzutreten, beweist damit, daß er jeden Skrupel aus seinem Leben ausgemerzt und den Sieg über sein Gewissen, falls er je eines besaß, errungen hat. Auf seinen Namen verzichten heißt sich selbst zur Untätigkeit verurteilen; Wert auf ihn legen heißt sich herabwürdigen. Soll man beten oder Gebete schreiben? Dasein oder sich ausdrücken? In jedem Fall läßt uns das unserer Natur immanente Expansionsprinzip die Leistungen anderer als gewaltsame Herabsetzung unserer eigenen Leistungen, als unaufhörliche Herausforderung ansehen. Wenn der Ruhm uns verwehrt ist, oder wir können ihn nicht erlangen, dann klagen wir die an, die ihn erreicht haben; sie konnten ihn nur gewinnen, denken wir, indem sie ihn uns raubten: uns kam er von Rechts wegen zu, uns gehörte er, ohne die Umtriebe dieser Usurpatoren wäre er uns zugefallen. »Viel mehr noch als Eigentum ist Ruhm Diebstahl« – Gemeinplatz der Verbitterten, zu denen wir alle bis zu einem gewissen Grade zählen. Die Wollust, unbekannt oder unverstanden zu sein, ist selten; und wenn man es sich recht überlegt: kommt sie nicht dem Stolz gleich, über Eitelkeiten und Ehren triumphiert zu haben?, dem Wunsch nach einer ungewohnten Art von Ansehen, gewissermaßen einer Berühmtheit *ohne Publikum?* Das ist gewiß die höchste Form, der Gipfel des Ruhmhungers.

Das Wort ist nicht zu stark: es handelt sich recht eigentlich um einen *Hunger*, der seine Wurzeln in unseren Sinnen hat und einer physiologischen Notwendigkeit entspricht, einem Schrei der Eingeweide. Um uns davon abzuwenden und ihn zu besiegen, müßten wir über unsere Bedeutungslosigkeit meditieren, ein lebhaftes Gefühl daraus gewinnen, ohne es jedoch Wollust werden zu lassen, denn die Gewißheit, nichts zu sein, führt, wenn man nicht aufpaßt, zur Selbstgefälligkeit und zum Stolz: man kann das eigene Nichts nicht ergründen, man kann bei diesem Begriff nicht lange verweilen, ohne sich sinnlich daran anzuklammern ... In die hartnäckige Erklärung, wie hinfällig das Glück sei, kommt selbst ein Glücksgefühl hinein; und wenn man sich damit großtut, den Ruhm zu verachten, ist man weit davon entfernt, kein Verlangen danach zu kennen, man opfert ihm im gleichen Augenblick, wo man seine Sinnlosigkeit anprangert. Gewiß ein hassenswertes Verlangen, aber es ist unserem Organismus angeboren; wollte man es ausrotten, müßte man Geist und Fleisch versteinern lassen, man müßte mit dem Metall in Teilnahmslosigkeit wetteifern, und die andern müßte man vergessen, sie aus unserem Bewußtsein evakuieren, denn die bloße Tatsache ihrer strahlenden und befriedigten Gegenwart weckt unseren bösen Geist, der uns befiehlt, sie hinwegzufegen und auf Kosten ihres Glanzes aus unserer Dunkelheit herauszutreten.

Wir grollen allen denen, die in der gleichen Epoche wie wir zu leben »gewählt« haben, die neben uns herlaufen, unsere Schritte hemmen oder uns hinter sich lassen. Genauer gesagt: jeder Zeitgenosse ist hassenswert. Wir finden uns mit der Überlegenheit eines Toten ab, niemals mit der eines Lebenden, dessen bloße Existenz für uns einen Vorwurf darstellt und einen Tadel, eine Aufforderung, uns in den Taumel der Bescheidenheit zu stürzen. Wir umgehen die unerträgliche Gewißheit, daß so viele unserer Mitmenschen uns übertreffen, indem wir mit einer List des Instinkts oder der Verzweiflung alle Talente für uns beanspruchen und uns allein den Vorzug einräumen, einzig zu sein. Wir ersticken in der Gegenwart unserer Nachahmer wie unserer Vorbilder: welche Erleichterung vor ihren Gräbern! Und auch der Schüler atmet erst auf und wird erst er selbst beim Tode des Meisters. Allein ohne Ausnahme wünschen wir uns den Untergang derer herbei, die uns durch ihre Gaben, ihre Arbeiten oder Taten in den Schatten stellen, und mit Begehrlichkeit, mit Fieberhitze, belauern wir ihre letzten Momente. Es braucht nur einer in unserem Sektor sich über uns zu erheben; das genügt, um uns wünschen zu lassen, von ihm befreit zu werden: wie sollten wir ihm die Bewunderung, die er uns einflößt, verzeihen können, den geheimen schmerzlichen Kult, den wir ihm weihen? Er soll zurücktreten, er soll sich entfernen, er soll endlich krepieren, damit wir ihn ohne innere Zerrissenheit und bitteren Beigeschmack verehren können, damit unser Martyrium aufhört! Wäre er auch nur etwas weise, dann würde er, anstatt uns für die große Schwäche, die wir für ihn haben, dankbar zu sein, sie uns eher als Manko anrechnen, uns als Aufschneider betrachten, uns mit Abscheu oder Mitleid aus seinem Gesichtskreis verbannen. Allzusehr von sich selbst erfüllt, ohne jede Erfahrung mit den Kreuzwegstationen der Bewunderung und mit den widerstreitenden Gemütsbewegungen, die sie in uns hervorruft, ahnt er kaum, daß wir eingewilligt haben, uns selbst zu erniedrigen, als wir ihn auf einen Piedestal hoben, und daß er die Kosten für diese Erniedrigung zu tragen haben wird: können wir je vergessen, welchen tödlichen Schlag er – ohne es zu wissen, das geben wir zu – der süßen Illusion von unserer Einzigkeit und unserem überragenden Wert versetzt hat? Da er die Unvorsichtigkeit oder Ungehörigkeit begangen hat, sich allzu lange bewundern zu lassen, kommt es ihm jetzt zu, die Folgen zu tragen: das Dekret unserer Müdigkeit macht den echten Gott, der er war, plötzlich zum falschen, er begegnet nur noch dem Bedauern, unsere Stunden ungebührlich besetzt gehalten zu haben. Vielleicht haben wir ihn nur in der Hoffnung verehrt, eines Tages Rache nehmen zu können. Wenn wir es lieben, uns zu Boden zu werfen, so lieben wir es doch noch mehr, diejenigen zu verleugnen, vor denen wir uns niedergeworfen haben. Jede Unterminierungsarbeit begeistert und führt Energie zu; daher die Aufdringlichkeit, die unfehlbare Auswirkung der gemeinen Empfindungen. Der Neid macht aus einem Feigling einen Halsabschneider, aus einem Krüppel einen Tiger; er peitscht die Nerven, entzündet das Blut, teilt dem Körper einen Schauer mit, der ihn am Erschlaffen hindert, verleiht dem harmlosesten Gesicht den Ausdruck einer konzentrierten Glut; ohne ihn gäbe es keine Ereignisse, nicht einmal eine *Welt;* er und immer wieder er ist es, der das Dasein des Menschen überhaupt erst möglich gemacht hat, der ihm gestattet hat, sich einen Namen zu machen,

Größe zu erringen durch den *Sündenfall*, diese Auflehnung gegen den anonymen Ruhm des Paradieses, dem er sich ebensowenig anbequemen konnte wie der gefallene Engel, sein Einflüsterer und sein Vorbild. Alles was atmet, alles was sich regt, bezeugt den Schandfleck des Ursprungs. Für immer dem Aufruhr des Satans zugesellt, des Schutzherrn der *Zeit*, der kaum von Gott unterschieden ist, da er nur dessen *sichtbares* Antlitz ist, sind wir diesem Genius der Empörung in die Netze gegangen, und er läßt uns die Aufgabe der Lebenden vollbringen, hetzt uns gegeneinander in den Kampf, der gewiß beklagenswert ist, aber auch Kraft spendet: wir tauchen aus unserer Dumpfheit auf, wir werden lebendig, jedesmal wenn wir über unsere edlen Regungen triumphieren und uns unserer Rolle als Zerstörer bewußt werden.

Die Bewunderung, ganz im Gegenteil, verbraucht unsere Substanz; sie deprimiert uns und demoralisiert uns auf die Dauer; darum wenden wir uns schließlich gegen den *Bewunderten*, dessen Schuld darin besteht, daß er uns die Bürde auferlegt hat, zu seinem Niveau emporzusteigen. Er braucht also nicht erstaunt zu sein, wenn auf unsere schwungvolle Hinwendung Rückstöße folgen und wir von Zeit zu Zeit eine Revision unserer Schwärmerei vollziehen. Unser Selbsterhaltungstrieb ruft uns zur Ordnung, zur Pflicht gegen uns selbst, fordert, daß wir uns korrigieren, uns fangen. Wir hören auf, diesen oder jenen zu schätzen oder zu beweihräuchern, nicht weil seine Verdienste in Frage gestellt wären, sondern weil wir uns nur auf seine Kosten selbst erhöhen können. Ohne erschöpft zu sein, macht unsere Fähigkeit zur Bewunderung eine Krise durch; solange sie andauert, geben wir uns den Freuden und Rasereien der Apostasie hin, wir zählen unsere Idole auf, um sie eines nach dem andern zu verstoßen und zu zerbrechen, und dieser Wahnwitz, diese an sich verächtliche Bilderstürmerei wird zu einem Faktor, der unsere Fähigkeiten in Bewegung setzt.

Als vulgäre und deshalb wirksame Triebfeder der Inspiration

triumphiert das Ressentiment in der Kunst; sie könnte es nicht entbehren – und das gleiche gilt für die Philosophie: denken heißt, sich mit Arglist rächen, heißt seine schlimmen Absichten tarnen können und seine bösen Instinkte verschleiern. Wenn man ein System nach dem beurteilt, was es ausschließt und ablehnt, dann läßt es an eine geschickt geführte Abrechnung denken. Die Philosophen sind unerbittlich, sie sind »hart« wie die Dichter, wie alle, die etwas zu sagen haben. Die Sanften und die Lauen hinterlassen keine Spuren, doch nicht aus Mangel an Klarsicht oder Tiefsinn, sondern aus Mangel an Angriffslust, obgleich diese keineswegs eine unversehrte Vitalität bedeuten würde. Im Existenzkampf ist der Denker oft ein Schwächling, ein Rachitiker, doch er zeigt sich um so virulenter, je mehr er seine biologische Unzulänglichkeit fühlt und daran leidet. Je mehr er durch das Leben zurückgestoßen wird, um so mehr wird er versuchen es zu meistern und es zu unterjochen, wenn auch ohne Erfolg. Enterbt genug, um dem Glück nachzujagen, aber zu stolz, um es zu finden oder sich mit ihm zu begnügen, ist er wirklich und unwirklich, bedrohlich und ohnmächtig zugleich und läßt an ein Gemisch von Raubtier und Phantom denken, an einen Zornigen, der sich in Metaphern austobt.

Eine recht gefestigte, recht wachsame Ranküne kann für sich allein die Rüstung eines Einzelnen bilden: die Schwäche des Charakters entspringt in den meisten Fällen aus einem schwachen Gedächtnis. Die Beleidigung nicht zu vergessen, das ist eines der Geheimnisse des Erfolgs, eine Kunst, die ausnahmslos alle Menschen mit starken Überzeugungen besitzen, denn jede Überzeugung besteht in der Hauptsache aus Haß und erst in zweiter Linie aus Liebe. Die Unschlüssigkeit ist dagegen das Los dessen, der unfähig ist zu lieben und zu hassen, sich für nichts entscheiden kann, nicht einmal für sein eigenes Hinundhergezerrtwerden. Will er sich behaupten, seine Apathie abschütteln, dann soll er sich Feinde erfinden, sich an sie anklammern, er soll seine schlummernde Grausamkeit wecken und die Erinnerung an Kränkungen, die er unklugerweise mißachtet hat! Um den kleinsten Schritt vorwärts zu tun, braucht man ein Minimum an Niedrigkeit, man braucht es sogar, um überhaupt überstehen zu können. Niemand darf seine Vorräte an Würdelosigkeit ungenutzt lassen, wenn ihm daran liegt, »im Sein zu beharren«. Die Ranküne erhält lebendig; versteht man sich überdies darauf, sie zu stärken, sie zu pflegen, so vermeidet man Weichlichkeit und Ermattung. Man sollte sogar den Dingen gegenüber Ranküne empfinden können: welche bessere Kriegslist kann es geben, mit ihnen wieder Kontakt zu bekommen, sich dem Wirklichen zu öffnen und sich mit Gewinn gemein zu machen? Ein reines Gefühl ist von jedem Lebensgehalt entleert und darum ein Widerspruch in sich selbst, eine Unmöglichkeit, eine Fiktion. Darum gibt es auch keine Domäne, wo man annehmen kann, daß es gedeiht, selbst wenn man in der Religion danach forschen wollte. Meistenteils hängen wir uns nur deshalb an Gott, weil wir uns am Leben rächen wollen, um es zu strafen, ihm zu bedeuten, daß wir es nicht brauchen, daß wir Besseres gefunden haben, und auch deshalb, weil uns vor den Menschen graut, als eine Art Vergeltungsmaßnahme gegen sie, aus dem Wunsch heraus, ihnen verständlich zu machen, daß wir ihre Gesellschaft entbehren können, daß wir anderswo Eingang gefunden haben, und wenn wir vor Ihm im Staube kriechen, geschieht es, um nicht vor ihnen im Staube kriechen zu müssen. Ohne diese triviale, trübe, heimtückische Beimischung fehlte unserer Glaubensinbrunst die Energie, und sie könnte vielleicht nicht einmal andeutungsweise Gestalt gewinnen.

Die Unwirklichkeit der reinen Gefühle, man möchte sagen, daß es den Kranken zukäme, sie uns zu entschleiern, daß dort ihre Mission und der Sinn ihrer Heimsuchungen liege. Nichts wäre natürlicher, denn in ihnen verdichten und übersteigern sich die Mängel des Menschengeschlechts. Nachdem die Krankheit die Arten des Lebens durchirrt und mit mehr oder weniger Erfolg darum gestritten hatte, überall ihre Merkmale zu hinterlassen, muß sie ihrer Pilgerschaft müde geworden sein und sich nach Ruhe gesehnt haben; sie hat sich jemand gesucht, dem sie in allem Frieden ihre Suprematie auferlegen konnte und der sich in keiner Weise gegen ihre Willkür und ihre Despotie widerspenstig zeigte, jemand, auf den sie sich wirklich verlassen konnte. Sie tastete umher, versuchte rechts und links, erlitt manche Mißerfolge. Endlich begegnete sie dem Menschen; wenn sie ihn nicht überhaupt erst erschuf. Somit sind wir alle Kranke, die einen im latenten Zustand, das gilt für die Masse derer, die sich noch wohl befinden, die friedliche, harmlose Menschenart; die andern in ausgeprägter Form, die eigentlichen Kranken, die zynische und passionierte Minderheit. Zwei Kategorien, die einander scheinbar nahe, tatsächlich aber unvereinbar sind: ein beachtlicher Abstand trennt den möglichen Schmerz vom wirklich erfahrenen Schmerz.

Anstatt uns selbst, der Hinfälligkeit unserer Konstitution, die Schuld zu geben, machen wir die andern für unsere Lage verantwortlich, für die geringste Beschwerde, die wir erdulden, und wenn es nur eine Migräne ist; wir klagen sie an, daß wir für ihre Gesundheit zu bezahlen hätten, ans Bett gefesselt, damit sie sich nach Herzenslust bewegen und herumtummeln können. Mit welcher Wollust würden wir nicht zusehen, wenn unsere Leiden, unsere Verstimmungen sich ausbreiten, unsere ganze Umwelt, womöglich die gesamte Menschheit ergreifen würden! Daß wir in dieser Erwartung enttäuscht werden, nehmen wir allen übel, den Nächsten wie den Fernsten, wir nähren ihnen gegenüber vernichtende Gefühle, wünschen, daß sie noch mehr bedroht würden als wir, und daß die Stunde des Todeskampfes, die Stunde einer schönen gemeinsamen Ausrottung für die Gesamtheit der Lebenden schlage. Einzig die großen Schmerzen, die *unvergeßlichen* Schmerzen, lösen dich von der Welt ab; die andern, die mittelmäßigen, moralisch die schlimmsten, machen dich ihr hörig, denn sie rühren die untersten Gründe deiner Seele auf. Man soll den Kranken mißtrauen, sie haben »Charakter«, sie verstehen sich darauf, ihre Rankünen auszubeuten und zu schärfen. Ein solcher beschloß eines Tages, niemals mehr einem, der sich wohlfühlte, die Hand zu drücken. Doch er entdeckte bald, daß viele von denen, die er der Gesundheit verdächtigt hatte, im Grunde von ihr unbelastet waren. Warum sich also wegen übereilter Vermutungen Feinde schaffen? Offenbar war er vernünftiger als die anderen und hatte Skrupel, die bei dem Gezücht, dem er angehörte, nicht häufig zu finden sind, bei dieser enttäuschten, unersättlichen und prophetischen Gangsterbande, die man isolieren sollte, weil sie alles umstürzen will, um ihr eigenes Gesetz zur Geltung zu bringen. Vertrauen wir die Führung lieber den Normalen an, die allein dazu aufgelegt sind, den Zustand der Dinge unverändert zu lassen: gleichgültig gegen die Vergangenheit und gegen die Zukunft, beschränken sie sich auf die Gegenwart und richten sich darin ohne Bedauern und ohne Hoffnungen ein. Doch sobald die Gesundheit versagt, denkt man nur noch an Paradies und Hölle, mit einem Wort, an *Reformen:* man will das Irreparable berichtigen, die Gesellschaft verbessern oder zertrümmern, die man nicht mehr ertragen kann, weil man sich selbst nicht mehr ertragen kann. Ein Mensch, der leidet, ist eine öffentliche Gefahr, er ist ein Gleichgewichtsloser und um so bedrohlicher, je öfter er sein Leiden, diese Quelle seiner Energie, verheimlichen muß. Man kann sich auf Erden nicht zur Geltung bringen oder eine Rolle spielen ohne den Beistand irgendeines Gebrechens, und es gibt keine Dynamik, die nicht das Anzeichen physiologischer Misere oder innerer Verheerung wäre. Wer im Gleichgewicht lebt, passioniert sich für nichts, hängt nicht einmal mehr am Leben, denn er *ist* das Leben; sobald das Gleichgewicht gestört wird, denkt man nicht mehr daran, sich den Dingen anzupassen, sondern nur noch sie umzustürzen oder sie umzuformen. Der Stolz entspringt aus der Anspannung und Überanstrengung des Bewußtseins, aus der Unmöglichkeit, naiv zu existieren. Nun, die Kranken sind niemals naiv, sie setzen an die Stelle des Gegebenen die falsche Vorstellung, die sie sich davon machen, so daß ihre Begriffe und sogar noch ihre unbewußten Reflexe Teile eines Systems von Heimsuchungen werden. Sie können gar nichts anderes tun als diese Zwangsvorstellungen kodifizieren und sie andern auferlegen: perfide und gallige Gesetzgeber, die alles daran wenden, ihre Leiden obligatorisch zu machen, um diejenigen zu schlagen, die die Stirn haben, sie nicht zu teilen. Wenn dagegen die normal Empfindenden sich anpassungsfähiger zeigen, wenn sie keinen Grund haben, starrsinnig zu sein, so deshalb, weil sie die explosiven Kräfte der Demütigung nicht kennen. Wer die erfahren hat, wird sie nie vergessen können, und er wird nicht ablassen, bis er sie in ein Werk übertragen hat, dem zuzutrauen ist, daß es ihre Schrecken fortpflanzt. Schaffen heißt seine Leiden hinterlassen, heißt wollen, daß die andern hineintauchen und sie auf sich nehmen, sich damit durchdringen und sie nachleben. Das ist wahr von einem Gedicht, das kann auch wahr sein vom Kosmos. Ohne die Hypothese eines fieberkranken, gehetzten, Krämpfen unterworfenen, von Epilepsie berauschten Gottes ließe sich diese Welt nicht erklären, denn sie trägt in allem die Kennzeichen eines uranfänglichen Auswurfs. Und dieser Gott, wir erraten seine Wesenheit nur, wenn wir selbst einem Zittern anheimfallen, wie er es erlebt haben muß, damals, als er sich mit dem Chaos herumschlug. An ihn denken wir mit alledem, was in uns der Form und dem gesunden Verstand widerstrebt, mit unseren Verwirrungen und mit unserem Fieberwahn, ihm verbinden wir uns durch flehentliche Beschwörungen, die uns in ihm auflösen und ihn in uns, denn jedesmal kommt er uns nahe, wenn etwas in uns zerbricht und auch wir uns auf unsere Weise mit dem Chaos messen. Ist solch eine Theologie zu summarisch? Wenn man diese gepfuschte Schöpfung betrachtet, wie sollte man sie ihrem Schöpfer nicht zum Vorwurf machen, vor allem, wie sollte man ihn für gescheit oder auch nur für geschickt halten? Jeder beliebige andere Gott hätte mehr Sachkenntnis oder Gleichgewicht bewiesen als er: Irrtum und Mißlingen, wohin man blickt! Unmöglich ihn freizusprechen, doch ebenso unmöglich, ihn nicht zu verstehen. Und wir verstehen ihn durch alles, was in uns selbst fragmentarisch, unfertig, mißraten ist. Seine Unternehmung trägt die Stigmata des Provisorischen, und er hätte doch Zeit genug gehabt, etwas Besseres daraus zu machen. Zu unserem Unglück war er in unbegreiflicher Eile. Aus berechtigter Undankbarkeit, und um ihn unsere Verstimmung fühlen zu lassen, legen wir – als Fachleute in der *Gegen-Schöpfung* – alles darauf an, sein Gebäude zu beschädigen, ein schon von Anfang an mangelhaftes Werk noch armseliger zu machen. Zweifellos würden wir uns weiser und eleganter verhalten, wenn wir es unangetastet ließen, so wie es war, anstatt uns für die Unfähigkeit des Schöpfers an der Schöpfung zu rächen; aber da er seine Fehler auf uns übertragen hat, könnten wir ihm gegenüber keine Schonung üben. Wenn wir ihn auch, im ganzen genommen, den Menschen vorziehen, so schützt ihn das nicht vor unserer Tadelsucht. Vielleicht haben wir ihn uns nur ausgedacht, um unsere Revolten zu rechtfertigen und immer wieder zu erneuern, ihnen einen ihrer würdigen Gegenstand zu geben, zu verhindern, daß sie matt und gemein würden, denn durch den Mißbrauch des Sakrilegs flößen wir ihnen immer wieder neues Leben ein und errichten ein Gegenbild gegen die Verführungen und Beweisführungen der Mutlosigkeit. Mit Gott wird man nie fertig. Ihn von gleich zu gleich zu behandeln, als Feind, ist eine Frechheit, die Kraft bringt, die anstachelt, und bedauernswert sind jene, die aufgehört haben, an ihm Ärgernis zu nehmen. Welcher Glücksfall dagegen, wenn man ihm hemmungslos die Verantwortung für alle unseren Miseren aufbürden, ihn mit Vorwürfen und Schmähungen überhäufen kann, wenn man ihn keinen Augenblick lang, selbst in unseren Gebeten nicht, verschont!

Der Rankünе, auf die wir kein Monopol besitzen, ist auch er unterworfen (wie manches Heilige Buch bezeugt), denn die Einsamkeit, wäre sie auch absolut, bewahrt keineswegs davor. Die

Tatsache, daß es auch für einen Gott nicht gut ist, allein zu sein, bedeutet kurz gesagt: laßt uns die Welt erschaffen, um etwas zu haben, das wir attackieren können, an dem wir unseren Kraftüberschuß und unsere Schikanen auslassen können. Und wenn die Welt in Rauch aufgeht, dann bleibt immer noch, ob man Mensch oder Gott ist, diese subtile Form der Rache: die Rache gegen sich selbst, eine lebensausfüllende, keineswegs destruktive Beschäftigung, denn sie beweist, daß man noch mit dem Leben paktiert, daß man gerade durch die Martern, die man über sich selbst verhängt, sich auf seine Seite schlägt. Das Hosianna taugt nicht für unsere Sitten und Bräuche. Das göttliche und das teuflische Prinzip sind leicht zu begreifen, denn sie sind in gleicher Weise unrein; die Engel dagegen entziehen sich unserem Fassungsvermögen. Wir sind nicht recht imstande, sie uns vorzustellen, sie bringen unsere Einbildungskraft in Verwirrung, und der Grund dafür ist, daß sie allein – sofern es sich nicht um Würgeengel handelt! – im Gegensatz zu Gott, dem Teufel und uns selbst ohne den Stachel der Rankünе wachsen und gedeihen. Und auch – muß es hinzugefügt werden? – ohne den der Schmeichelei, dessen die geschäftigen Tiere, die wir sind, nicht entraten könnten. Um unser Werk zu tun, hängen wir von der Meinung unserer Nächsten ab, wir erflehen, wir erbetteln von ihnen Ehrungen, erbarmungslos verfolgen wir diejenigen unter ihnen, die über uns ein kritisch getrübtes oder auch nur gerechtes Urteil aussprechen, und hätten wir die Mittel dazu, würden wir sie zwingen, überschwengliche zu verkünden, lächerliche, die im Mißverhältnis zu unseren Fähigkeiten und Leistungen stehen. Maßvolles Lob kommt einer Ungerechtigkeit gleich, Objektivität wird als Herausforderung empfunden, Zurückhaltung als Beleidigung: worauf wartet also die Welt noch, um sich zu unseren Füßen zu wälzen? Was wir in den Blicken der anderen suchen, was wir dort einsammeln möchten, ist der servile Ausdruck, eine unverhohlene leidenschaftliche Vorliebe für unsere Gesten und unsere Hirngespinste, das Geständnis einer Glut ohne Hintergedanken, die Ekstase vor unserer Nichtigkeit. Der Schmeichler, dieser moralistische Profitmacher, dieser schmarotzende Psychologe, kennt unsere Schwäche und beutet sie schamlos aus. So groß ist unsere Verfallenheit, daß wir die vorausberechneten und unwahren Exzesse einer überbordenden Bewunderung ohne zu erröten hinnehmen, wie sie sich geben, denn die beflissene Lüge ist uns lieber als das anklagende Schweigen. Die Schmeichelei dringt in unsere Physiologie, in unsere Eingeweide ein, sie verbündet sich mit unseren Sekretionen und regt sie an, sie hat es im übrigen auf unsere unedelsten, also tiefsten und natürlichsten Empfindungen abgesehen, sie weckt in uns eine minderwertige Euphorie, der wir fassungslos gegenüberstehen; ganz ebenso fassungslos betrachten wir die Wirkungen des Tadels, die noch ausgeprägter sind, weil sie die eigentlichen Fundamente unseres Wesens erschüttern. Da niemand ein solches Attentat ungestraft verüben darf, antworten wir darauf, entweder indem wir unverzüglich zurückschlagen oder indem wir unsere Bitterkeit langsam ausarbeiten, was einer gereiften Entgegnung gleichkommt. Um überhaupt nicht zu reagieren, dazu bedürfte es einer Metamorphose, einer totalen Veränderung nicht nur unserer Veranlagung, sondern unserer Organe. Da ein solcher Wandel kaum zu erwarten ist, beugen wir uns mit Liebenswürdigkeit vor den Schlichen der Schmeichelei und der Allgewalt des Grolls.

Das Bedürfnis nach Rache unterdrücken, das hieße der Zeit den Abschied geben wollen, den Ereignissen die Möglichkeit rauben, sich zu vollziehen, es hieße das Böse, und mit ihm die Tat, in die Ferien schicken. Aber die Tat, diese Gier nach zermalmenden Kraftbeweisen, ist wesenseins mit dem Ich; eine Wut, deren wir nur in jenen Augenblicken Herr werden, wo wir müde sind unsere Feinde zu plagen und sie ihrem Schicksal überlassen, sie stagnieren und vegetieren lassen, weil wir sie nicht genug *lieben* und deshalb auch nicht genug darauf erpicht sind, sie zu vernichten, sie zu zerstückeln, sie zum Objekt unserer nächtlichen

Anatomien zu machen. Jedoch ergreift uns sofort wieder die Wut, sobald jenes Vergnügen am Schein wieder wach wird, jene Leidenschaft für das Lächerliche, die unsere Bindung an das Dasein herstellt. Sogar wenn das Leben bis zur Winzigkeit verkümmert ist, nährt es sich von sich selbst, strebt nach einem Seinsüberhang, will sich vermehren, ohne irgendeinen Grund, durch einen entehrenden und ununterdrückbaren Automatismus. Der gleiche Durst verzehrt die Mücke und den Elefanten; man hätte hoffen können, daß er beim Menschen erlöschen würde; wir haben gesehen, daß keine Rede davon ist, er grassiert mit nur noch vermehrter Heftigkeit sogar in den Siechenhäusern. Die Fähigkeit zum Verzicht ist das einzige Kriterium des geistigen Fortschritts: nicht wenn die Dinge uns verlassen, sondern wenn wir sie verlassen, gewinnen wir Zugang zu jener inneren Nacktheit, zu jenem äußersten Gemütszustand, wo wir uns nicht mehr mit dieser Welt und ebensowenig mit uns selbst anbiedern und wo Sieg bedeutet: sich selbst verleugnen, sich selbst verwerfen mit Heiterkeit, ohne Bedauern und vor allem ohne Melancholie; denn die Melancholie, so verschwiegen und verschwebend auch ihre Äußerungen scheinen, kommt noch vom Ressentiment her: es ist eine mit Bitterkeit durchsetzte Träumerei, eine in schmachtende Sehnsucht verkleidete Eifersucht, eine dunstförmige Rankune. Solange man ihr unterworfen bleibt, verzichtet man auf nichts, man versackt im »Ich«, ohne sich deswegen von den anderen freizumachen, an die man um so mehr denkt, je weniger es einem gelungen ist, sich seiner selbst zu entäußern. Im gleichen Augenblick, da wir uns vorgenommen haben, die Rachsucht niederzuringen, fühlen wir sie mehr als je in uns leben, ungeduldig, angriffsbereit. Plötzlich fordern die »verziehenen« Kränkungen Vergeltung, sie überschwemmen unsere schlaflosen Nächte und mehr noch unsere Träume, verwandeln sich in Alpdrücken, tauchen so tief in unsere Abgründe hinein, daß sie am Ende deren ganzen Inhalt bilden. Wenn es sich so verhält, warum dann die Komödie der edlen Gefühle spielen, sich in ein metaphysisches Abenteuer einlassen oder auf eine Erlösung spekulieren? Sich rächen, wenn auch nur in der Vorstellung, heißt sich unwiderbringlich diesseits des Absoluten stellen. Als ob es auf das Absolute ankäme! Nicht nur die »vergessenen« oder schweigend ertragenen Beleidigungen, nein sogar jene, die wir abgewehrt haben, nagen an uns, strapazieren uns, verfolgen uns bis ans Ende unserer Tage, und diese Besessenheit, die uns in unseren eigenen Augen disqualifizieren sollte, schmeichelt uns ganz im Gegenteil und macht uns streitsüchtig. Den geringsten Unglimpf, ein Wort, einen mit einem gewissen Vorbehalt getrübten Blick, niemals vergeben wir das einem Lebenden. Und es stimmt nicht einmal, daß wir es einem Toten vergeben. Das Bild seines Leichnams beruhigt uns gewiß und zwingt uns zur Nachsicht; sobald aber dieses Bild verschwimmt, sobald in unserer Erinnerung das Bild des Lebenden das des Verstorbenen verdrängt und sich an seine Stelle setzt, tauchen unsere alten Rankünen wieder auf, setzen auf die munterste Weise wieder ein, mit dem ganzen Gefolge von Schändlichkeiten und Demütigungen, die solange währen, wie wir leben, und deren Gedächtnis ewig sein würde, wenn die Unsterblichkeit uns zugedacht wäre.

Da alles uns verletzt, warum sollen wir uns nicht in den Skeptizismus verschanzen und versuchen, darin ein Heilmittel für unsere Wunden zu finden? Das wäre ein weiterer Selbstbetrug, denn der *Zweifel* ist nur ein Produkt unserer Verärgerungen und unserer Anklagen, er ist gleichsam das Instrument, dessen der Geschundene sich bedient, um zu leiden und Leiden zu verursachen. Wenn wir die Gewißheiten zerschlagen, so geschieht das nicht aus theoretischen Bedenken oder zum Spiel, sondern aus Zorn darüber, daß sie sich entziehen, aus dem Wunsch auch, daß sie niemandem gehören sollen, sobald sie uns fliehen und wir keine besitzen. Und die Wahrheit, mit welchem Recht sollten die andern sich ihrer rühmen? Durch welche Ungerechtigkeit hätte sie sich ihnen enthüllt, die weniger wert sind als wir?

Haben sie sich angestrengt, haben sie Nächte durchwacht, haben sie sie verdient? Während wir uns vergebens abrackern, um sie zu erlangen, werfen sie sich in die Brust, als wäre sie ihnen vorbehalten und sie wären durch Vorsehungsbeschluß damit ausgestattet. Indessen kann sie niemals ihr rechtmäßiges Erbteil sein, und um sie zu verhindern, darauf Anspruch zu erheben, überzeugen wir sie davon, daß, was sie mit Händen zu greifen meinen, in Wirklichkeit nur eine Fiktion ist. Um unser Gewissen in Sicherheit zu bringen, gefällt es uns, in ihrem Glück Protzerei und Anmaßung zu erblicken, und dies gestattet uns, sie ohne Gewissensbisse in Verwirrung zu bringen, ihnen unsere Stutzigkeit aufzupfropfen und sie dadurch ebenso verwundbar und ebenso unglücklich zu machen wie wir es selbst sind. Der Skeptizismus ist der Sadismus der verbitterten Seelen.

Je länger wir über unsere Wunden nachdenken, um so mehr erscheinen sie uns untrennbar von unserem Zustand als Unerlöste. Das Maximum an Selbstentäußerung, auf das wir Anspruch erheben könnten, besteht darin, uns in einer Lage zu halten, die gleich weit entfernt ist von der Rache und von der Verzeihung, in der Mitte zwischen einem Groll und einem Edelmut, die beide gleich flach und leer sind, denn sie sind dazu bestimmt, sich gegenseitig zu neutralisieren. Aber den alten Adam ablegen, dazu gelangen wir niemals, und sollten wir auch das Grauen vor uns selbst so weit treiben, daß wir für immer darauf verzichten, irgendeine Stelle in der Hierarchie der Lebewesen einzunehmen.

MECHANISMUS DER UTOPIE

In jeder Großstadt, wie sie auch heißen mag, in die der Zufall mich verschlägt, wundere ich mich darüber, daß es dort nicht jeden Tag Aufstände gibt, Massaker, eine namenlose Metzelei, ein Durcheinander wie beim Weltuntergang. Wie können auf einem so beengten Raume so viele Menschen miteinander leben, ohne einander zu vernichten, ohne sich tödlich zu hassen? Allerdings, sie hassen sich, aber sie sind nicht auf der Höhe ihres Hasses. Diese Mittelmäßigkeit, diese Ohnmacht retten die Gesellschaft, sichern ihre Dauer und Festigkeit. Von Zeit zu Zeit ereignet sich irgendein Erdstoß, und unsere Instinkte ziehen Vorteil daraus; dann fahren wir fort, einander in die Augen zu sehen, als ob nichts geschehen wäre, und zusammenzuwohnen, ohne einander allzu offensichtlich zu zerreißen. Alles kehrt wieder in seine Ordnung zurück, in die trügerische Ruhe des Ingrimms, die letztlich ebenso zu fürchten ist wie das Chaos, das sie unterbrochen hatte.

Aber noch mehr wundere ich mich darüber, daß manche Menschen, obwohl die Gesellschaft ist, wie sie ist, sich in den Kopf gesetzt haben, eine andere, völlig verschiedene zu konzipieren. Woher mag soviel Naivität, soviel Narrheit kommen? Die Frage ist so normal und so banal wie möglich, doch dafür hat die Neugier, die mich fragen ließ, die Entschuldigung, krankhaft zu sein.

Auf der Suche nach neuen Erfahrungen und im Augenblick, als ich daran verzweifelte, noch welchen zu begegnen, kam mir der

Gedanke, mich auf die utopische Literatur zu stürzen, ihre »Meisterwerke« zu studieren, mich davon durchdringen zu lassen, mich darin zu wälzen. Zu meiner großen Genugtuung fand ich hier, womit ich meinen Durst nach Buße, meinen Hunger nach Kasteiung stillen konnte. Einige Monate damit verbringen, die Träume von einer besseren Zukunft, einer »idealen« Gesellschaft zu sichten, das Unlesbare verschlingen – welch ein Geschenk! Ich beeile mich hinzuzufügen, daß diese abstoßende Literatur reich an Belehrungen ist und man nicht völlig seine Zeit verliert, wenn man sich mit ihr beschäftigt. Gleich anfangs wird einem dabei die (je nachdem befruchtende oder verheerende) Rolle klar, die in der Genesis der Ereignisse nicht etwa das Glück selbst, sondern der *Glücksbegriff* spielt, und dieser Begriff erklärt auch, warum jede Epoche – unter der Voraussetzung, daß das Eiserne Zeitalter sich über den gleichen Zeitraum erstreckt wie die Geschichte schlechthin – warum jede Epoche sich so angelegentlich mit Phantastereien über das Goldene Zeitalter beschäftigt. Wenn man diesem Phantasieren ein Ende machte, müßte eine totale Stagnation die Folge sein. Wir handeln nur in der Bezauberung durch das Unmögliche, das heißt soviel wie: eine Gesellschaft, die unfähig ist, eine Utopie zu erzeugen und sich ihrem Dienst zu weihen, ist von Sklerose und Ruin bedroht. Die Weisheit, die sich von nichts bezaubern läßt, empfiehlt das gegebene, existierende Glück; der Mensch lehnt es ab, und nur diese Ablehnung macht aus ihm ein Geschichtswesen, ich meine einen Liebhaber *eingebildeten* Glücks.

»Bald wird das Ende von allem da sein; es wird sein ein neuer Himmel und eine neue Erde«, lesen wir in der Apokalypse. Lasse den Himmel weg, behalte nur die »neue Erde«, und du hast das Geheimnis und die Formel der utopischen Systeme; um genauer zu sein, müßte man vielleicht »Erde« durch »Staatsgemeinschaft« ersetzen; aber das ist nur eine Einzelheit; was zählt, ist die Perspektive eines neuen Ereignisses, das Fieber einer wesentlichen Erwartung, einer heruntergekommenen, modernisierten Parusie: daraus entspringen diese Systeme, die den Enterbten so teuer sind. Das Elend ist offenbar die große Hilfsmacht der Utopisten; es ist die Materie, in der er arbeitet, der Grundstoff, aus dem er seine Gedanken ernährt, die Vorsehung seiner Besessenheit. Ohne das Elend wäre er gegenstandslos; doch es beschäftigt ihn, verlockt ihn oder stört ihn, je nachdem, ob er arm oder reich ist; andrerseits kann es ihn nicht entbehren, es bedarf dieses Theoretikers, dieses Verehrers der Zukunft, um so mehr als es selbst unaufhörlich über die Möglichkeit nachsinnt, der gegenwärtigen Lage zu entfliehen, und ihre Trostlosigkeit ohne die Besessenheit von einer *anderen* Erde kaum ertragen könnte. Zweifelst du daran? Dann hast du niemals die vollständige Mittellosigkeit kennengelernt. Wenn du einmal dorthin gelangen solltest, wirst du sehen: je unbemittelter man ist, um so mehr Zeit und Energie verwendet man darauf, alles zu reformieren, in Gedanken, also völlig nutzlos. Nicht etwa nur die Institutionen, die Schöpfungen des Menschen; diese werden selbstverständlich in Bausch und Bogen verworfen, ohne Widerruf, sondern auch die Dinge, alle Dinge, so unbedeutend sie sein mögen. Da du sie nicht akzeptieren kannst, wie sie sind, möchtest du ihnen deine Gesetze und deinen Eigensinn auferlegen, möchtest auf ihre Kosten den Gesetzgeber oder den Tyrannen spielen, ja, du möchtest sogar noch in das Leben der Elemente eingreifen, um deren Gesicht und Aufbau umzugestalten. Die Luft ärgert dich: sie soll anders werden! Und auch der Stein. Ebenso die Pflanzenwelt, ebenso der Mensch. Hinabsteigen durch die untersten Schichten des Daseins, bis zu den Grundfesten des Chaos, um sich ihrer zu bemächtigen, um sich dort unten einzurichten! Wenn man keinen Pfennig in der Tasche hat, kommt man in Bewegung, leistet man sich Extravaganzen, träumt man alles zu besitzen, und dieses Alles besitzt man tatsächlich, solange der Wahnwitz währt. Man ist Gott gleich, aber niemand merkt es, nicht einmal Gott, nicht einmal man selbst.

Das Delirium der Bedürftigen ist Erzeuger von Ereignissen, Quelle von Geschichte: eine fiebernde Masse fordert eine andere Welt, im Diesseits und sogleich. Die Bedürftigen inspirieren die Utopie, für sie wird sie geschrieben. Aber Utopie, denken wir daran, heißt wörtlich *nirgendwo.*

Und wo sollten sie herkommen, diese Staaten, die das Böse nicht einmal streift, wo man die Arbeit segnet und den Tod nicht fürchtet? Dort läßt man sich ein Glück angelegen sein, das aus geometrischen Idyllen gemacht ist, aus reglementierten Ekstasen, aus tausend Wundern, die zum Speien sind, denn das Schauspiel einer *vollkommenen* Welt, einer fabrizierten Welt kann keine anderen bieten. Mit lächerlicher Genauigkeit beschreibt uns Campanella die von »Gicht, Rheumatismus, Katarrh, Ischias, Koliken, Wassersucht, Blähungen« verschonten Solarier . . . Alles ist im Überfluß vorhanden in dem Sonnenstaat, »weil jedem daran liegt, sich in dem, was er tut, auszuzeichnen. Der Führer, der allem vorsteht, heißt *König* . . . Frauen und Männer sind in Abteilungen geordnet und geben sich der Arbeit hin, ohne jemals den Befehlen ihres Königs zuwiderzuhandeln und ohne sich jemals ermüdet zu zeigen, wie wir es täten. Sie betrachten ihre Führer als Väter oder ältere Brüder«. – Die gleichen Fadheiten findet man in allen Werken dieser Literaturgattung, besonders in denen eines Cabet, eines Fourier oder eines Morris; ihnen allen fehlt jener Stich ins Bittere, der den Werken so nötig ist, den literarischen und anderen.
Um eine *echte* Utopie auszudenken, mit Überzeugung das Bild einer Idealgesellschaft zu malen, dazu gehört eine gewisse Dosis Harmlosigkeit, sogar Torheit, die, wenn sie allzu auffällig ist, den Leser schließlich verärgert. Die einzigen lesbaren Utopien sind die unechten, zum Spiel, als Amüsement oder aus Misanthropie geschriebenen, welche *Gullivers Reisen* vorformen oder heraufbeschwören, diese Bibel des enttäuschten Menschen, Quintessenz nicht-chimärischer Visionen, Utopie *ohne Hoffnung.*

Durch seine Sarkasmen hat Swift einem Literaturgenre die Einfalt geraubt und es dadurch vernichtet.

Ist es leichter, eine Utopie zu konfektionieren als eine Apokalypse? Beide haben ihre Prinzipien und ihre Schablonen. Die erste, deren Gemeinplätze mehr mit unseren tiefen Instinkten zusammengehen, ließ eine ungleich reichlichere Fülle von Literatur entstehen als die zweite. Es ist nicht jedermanns Sache, auf eine kosmische Katastrophe zu bauen oder die Sprache und die Manier zu lieben, mit denen man sie ankündigt und proklamiert. Doch einer, der die Idee zuläßt und ihr Beifall spendet, kann sich beim Lesen der Evangelien mit lasterhafter Hingerissenheit an den Kniffen und Klischees ergötzen, die auf Patmos zu so hohem Ruhm gelangt sind: »... der Himmel wird sich verfinstern, der Mond wird nicht mehr scheinen, die Sterne werden herabstürzen ..., alle Völker der Erde werden wehklagen ..., denn diese Generation wird nicht vergehen, ehe alle diese Dinge nicht geschehen sind.« – Die Vorahnung des Unerhörten, eines kapitalen Ereignisses, das Warten auf eine endgültige Entscheidung kann zur Illusion werden, dann erscheint es als Hoffnung auf ein Paradies, im Irdischen oder anderswo; oder es kann in Angst umschlagen, und dann entsteht die Vision eines ideal Schlimmsten, einer wollüstig gefürchteten Sintflut.
»... und aus seinem Mund geht ein scharfes Schwert hervor, um damit die Völker zu schlagen.« – Konventionen des Schreckens, Redensarten, gewiß. Sankt Johannes mußte darauf verfallen, sobald er sich für dieses blendende Kauderwelsch entschied, diesen Parademarsch von Zusammenbrüchen, der jedoch alles in allem den Beschreibungen von Inseln und Städten vorzuziehen ist, wo man sich von einem unpersönlichen Glück erstickt fühlt, wo die »universelle Harmonie« einen einzwängt und einen zermalmt. Die Träume der Utopie haben sich zum größten Teil realisiert, aber in einem Geiste, der sich von dem

ihrer Konzeption völlig unterscheidet; was für die Utopie Vollkommenheit war, ist für uns Makel; ihre Chimären sind unsere Mißgeschicke. Der Gesellschaftstyp, den sie in einem lyrischen Ton ausmalt, erscheint uns bei seiner Verwirklichung unerträglich. Man urteile nach folgender Probe aus *Reise nach Ikarien:* »Zweitausendfünfhundert junge Frauen (Modistinnen) arbeiten in einer Werkhalle, die einen sitzend, die andern aufrecht, fast alle bezaubernd . . . Die Gewohnheit, daß jede Arbeiterin immer das Gleiche tut, verdoppelt noch die Schnelligkeit der Arbeit, weil sie die Perfektion mit ihr verbindet. Die elegantesten Kopfzierden entstehen zu Tausenden an jedem Morgen unter den Händen ihrer hübschen Schöpferinnen . . .« Solche Hirngespinste klingen nach Schwachsinn und schlechtem Geschmack. Und doch hat Cabet sachlich richtig gesehen; nur im Wesentlichen hat er sich geirrt. Keineswegs über den Unterschied belehrt, der *Sein und Schaffen* trennt (wir existieren im vollen Sinne des Wortes nur außerhalb dessen, was wir machen, jenseits unserer Werke), konnte er uns das Verhängnis nicht zeigen, das an jede Form der Arbeit geheftet ist, sei sie handwerklich, industriell oder anders. Was in den utopischen Erzählungen am meisten auffällt, ist das Fehlen von Gespür, von psychologischem Instinkt. Die Personen darin sind Automaten, Fiktionen oder Symbole: keine ist wahr, keine geht über den Wirklichkeitsgrad einer Strohpuppe hinaus, einer mitten in weglosen Welten verlorenen Idee. Sogar die Kinder werden hier unkenntlich. Im »Sozietärstaat« Fouriers sind sie so rein, daß sie nicht einmal die Verlockung zu stehlen, »einen Apfel von einem Baum zu pflücken«, kennen. Aber ein Kind, das nicht stiehlt, ist kein Kind. Wozu wäre es gut, eine Gesellschaft von Marionetten zu basteln? Ich empfehle die Beschreibung des Phalansteriums als wirksamstes aller Brechmittel.

An den Gegenpol eines La Rochefoucauld gestellt, ist der Erfinder von Utopien ein Moralist, der in uns nur Uneigennützigkeit, Opfermut, Selbstvergessenheit wahrnimmt. Blutleer, vollkommen und nichtig, vom Guten geblendet, sündlos und lasterlos, ohne Dichte und ohne Umrisse, ganz und gar nicht eingeweiht ins Dasein, in die Kunst, vor sich selbst zu erröten, die eigenen Gewissensqualen und Beschämungen zu variieren, haben sie kaum eine Ahnung von dem Vergnügen, das uns der Niedergang unserer Nächsten einflößt, von der Ungeduld, mit der wir ihren Sturz erhoffen und von Stufe zu Stufe verfolgen. Diese Ungeduld und dieses Vergnügen können unter Umständen aus einer Neugier von Rang entspringen und nichts Diabolisches an sich haben. Solange ein Mensch höherkommt, gedeiht, vorwärtsgeht, weiß man nicht, wer er ist, denn da sein Aufstieg ihn von sich selbst entfernt, fehlt ihm Realität, er ist nicht. Ebenso kennt man sich selbst erst von dem Zeitpunkt an, wo man herunterzukommen beginnt, wo jedes Gelingen auf der Ebene der menschlichen Interessen sich als unmöglich erweist: durch dieses hellsichtige Unterliegen nimmt man sein eigenes Wesen in Besitz und desolidarisiert sich zugleich von der allgemeinen Dumpfheit. Um seinen eigenen Verfall oder den von anderen besser zu begreifen, muß man durch das Böse hindurchgehen, ja, sich notfalls darin einsinken lassen: wie sollte man das in diesen Städten und auf diesen Inseln anfangen, wo es aus Prinzip und Staatsräson verbannt ist? Die Finsternis ist hier verboten; das Licht allein hat Zutritt. Keine Spur von Dualismus: die Utopie ist von antimanichäischer Wesensart. Sie ist dem Anomalen, dem Formlosen, dem Unregelmäßigen feindlich gesinnt und strebt nach der Festigung des Homogenen, des Typischen, der Wiederholung und der Orthodoxie. Aber das Leben ist Bruch, Ketzerei, Abweichung von den Normen der Materie. Und der Mensch ist im Verhältnis zum Leben eine Ketzerei zweiten Grades, Sieg des Individuellen, der Willkür, Erscheinungsform der Verirrung, ein schismatisches Tier, das die Gesellschaft – diese Summe von schlummernden Ungeheuern – auf den *rechten Weg* zurückzubringen trachtet. Das wachende Ungeheuer ist der Ketzer in höchster Potenz, es ist inkarnierte Einsamkeit,

Frevel gegen die allgemeingültige Ordnung, es findet Gefallen daran, eine Ausnahme zu sein, es isoliert sich in seinen kostspieligen Privilegien, und die *Dauer* ist die Münze, mit der es die Vorteile bezahlt, die es über seine »Nächsten« erringt: je mehr es sich unterscheidet, um so gefährlicher und zugleich um so gefährdeter wird es sein, denn nur um den Preis seiner Langlebigkeit stört es den Frieden der andern und erschafft sich mitten im Staate ein Statut des Unerwünschten.

»Unsere Hoffnungen für den künftigen Zustand des Menschengeschlechts sind rückführbar auf drei Hauptpunkte: die Aufhebung der Ungleichheit zwischen den Nationen, die Fortschritte der Gleichheit innerhalb eines Volkes, schließlich und endlich die Vervollkommnung des Menschen.« (Condorcet)

An die Beschreibung *realer* Staatsgemeinschaften gebunden, konstatiert die Geschichte überall und immer viel eher das Scheitern als die Erfüllung unserer Hoffnungen; sie hat keine dieser Voraussagen bestätigt. Für einen Tacitus gibt es kein ideales Rom.

Indem die Utopie das Irrationale und das Irreparable verbannt, setzt sie sich auch in Gegensatz zur Tragödie, diesem Paroxysmus, dieser Quintessenz der Geschichte. In einem vollkommenen Staat müßte jeder Konflikt aufhören; die Willensregungen wären dort gedrosselt, besänftigt oder gleichsam durch Wunderkraft zur Konvergenz gebracht; dort würde einzig die Einheit herrschen, ohne Beimischung von Zufall oder Widerspruch. Die Utopie ist eine Mixtur aus puerilem Rationalismus und säkularisiertem Engelsglauben.

Wir sind vom Bösen überschwemmt. Nicht daß alle unsere Taten böse wären; aber wenn es uns geschieht, daß wir *gute* Werke tun, leiden wir an ihnen, weil sie unsere spontanen Regungen blockiert haben: die Praxis der Tugend läßt sich auf eine Bußübung zurückführen, auf Lehrjahre der Kasteiung. Satan erhebt sich Gott gegenüber als gefallener Engel, der zum Demiurgen wurde; auf Erden verwaltet er das Amt der Schöpfung und

zeigt sich besser zuhause und mächtiger als Gott; weit entfernt davon, ein Usurpator zu sein, ist er unser Herr und Meister, legitimer Herrscher, der über den Höchsten den Sieg davontrüge, wenn das All nur aus dem Menschen bestünde. Haben wir also den Mut, anzuerkennen, wem wir unterstellt sind.
Die großen Religionen haben sich darüber nicht getäuscht: was Mara einem Buddha, Ahriman einem Zarathustra, der Versucher einem Jesus anbieten, ist die Erde und die Herrschaft über die Erde, Realitäten, die der Fürst der Welt tatsächlich in seiner Macht hat. Und ein neues Reich, ein verallgemeinertes Utopia oder Universalreich gründen wollen, heißt sein Spiel mitspielen, an seiner Unternehmung mitarbeiten und ihr die Krone aufsetzen, denn er wünscht sich nichts so sehr, als daß wir uns mit ihm zusammentun, uns in seinem Umgang vom Licht abwenden und aufhören, den Verlust unserer alten Glückseligkeit zu beklagen.

Nach Sankt Johannes Chrysostomos wurde das seit fünftausend Jahren verschlossene Paradies im Augenblick von Christi Tod wieder geöffnet; der Schächer durfte hineingehen, Adam, endlich wieder heimgeführt, folgte ihm mit einer kleinen Zahl von Gerechten, die in der Hölle vegetiert und auf die »Stunde der Erlösung« gewartet hatten.
Alles weist darauf hin, daß es heute von neuem verriegelt ist und noch lange so bleiben wird. Niemand kann den Eintritt erzwingen: die paar Privilegierten, die in seinem Genuß sind, haben sich dort gewiß verbarrikadiert, nach einem System, dessen wundervolle Wirkungen sie auf Erden beobachten konnten. Dieses Paradies sieht eher danach aus, als sei es das wahre: in unserer tiefsten Niedergeschlagenheit denken wir daran; in ihm würden wir uns am liebsten auflösen. Ein jäher Impuls drängt uns dazu hin und stößt uns hinein: wollen wir in einem Augenblick wiedergewinnen, was wir seit jeher verloren haben und plötzlich die Schuld, geboren zu sein, wiedergutmachen? Nichts

vermag den metaphysischen Sinn der Sehnsucht besser zu entschleiern als ihre Unfähigkeit, mit irgendeinem Moment der Zeit zusammenzufallen; darum sucht sie Trost in einer weitzurückliegenden, unvordenklichen Vergangenheit, die den Jahrhunderten widersteht und gleichsam vor allem Werden liegt. Die Krankheit, an der sie leidet – Auswirkungen eines Bruchs, der in den Anbeginn zurückreicht –, hindert sie, das Goldene Zeitalter in die Zukunft zu projizieren; was sie ihrer Natur nach begreift, ist das Alte, das Uranfängliche; dorthin trachtet sie, weniger um sich daran zu erquicken als um darin zu verschwinden, um darin die Bürde des Bewußtseins abzulegen. Zur Quelle der Zeiten kehrt sie zurück, um dort das echte Paradies wiederzufinden, dessen Verlust sie immer wieder beklagt. Dagegen wird der Quelle, aus der das Paradies auf Erden entspringt, recht eigentlich die Dimension der Sehnsucht fehlen: ihr umgedrehtes, verfälschtes und getrübtes Heimweh richtet sich auf die Zukunft, denn der »Fortschritt« fasziniert es, zeitliche Replik, grimassierende Metamorphose des ursprünglichen Paradieses. Ob durch Ansteckung, ob durch Automatismus, diese Metamorphose hat sich schließlich und letztlich in jedem von uns vollzogen. Wohl oder übel setzen wir auf die Zukunft, machen daraus eine Wundermedizin; da wir sie mit dem Auftauchen einer *ganz anderen* Zeit innerhalb der Zeit selbst gleichsetzen, betrachten wir sie als eine unerschöpfliche und dennoch vollendete Dauer, als *außerzeitliche Geschichte.* Dieser Widerspruch in sich selbst ist notwendig enthalten in der Hoffnung auf ein neues Reich, auf einen Sieg des Unlösbaren im Schoße des Werdens. Unsere Träume von einer besseren Welt gründen sich auf eine theoretische Unmöglichkeit. Ist es so erstaunlich, daß man, um sie zu rechtfertigen, seine Zuflucht zu *wertbeständigen* Paradoxen nehmen muß?

Solange das Christentum die Geister ausfüllte, konnte die Utopie sie nicht verlocken; sobald es anfing sie zu enttäuschen, trachtete diese danach, sie zu erobern und sich in ihnen breitzumachen. Sie bemühte sich schon in der Renaissance darum, aber es sollte ihr erst zwei Jahrhunderte später gelingen, in einer Epoche »aufgeklärten Aberglaubens«. So wurde die Zukunft geboren, Vision eines unwiderruflichen Glücks, eines gelenkten Paradieses, wo der Zufall keinen Platz hat, wo die geringste Phantasie als Ketzerei oder Provokation erscheint. Eine Beschreibung davon geben, hieße auf die Einzelheiten des Unvorstellbaren eingehen. Die Idee eines Idealstaates ist schon an sich ein Leiden für die Vernunft, eine Unternehmung, die das Herz ehrt und den Intellekt disqualifiziert. (Wie konnte ein Platon sich dazu herablassen? Er ist der Urahn, das hätte ich fast vergessen, aller dieser Verirrungen, die von Thomas Morus, dem *Stifter* der modernen Illusionen, aufgenommen und verschlimmert worden sind.) Eine Gesellschaft errichten, in der all unsere Taten nach einer fürchterlichen Etikette katalogisiert und geregelt werden, in der man mit einer bis zur Indezenz getriebenen Barmherzigkeit sogar noch unsere Hintergedanken unter die Lupe nimmt, das heißt die Schrecken der Hölle ins Goldene Zeitalter übertragen oder mit Hilfe des Teufels eine philanthropische Institution schaffen. Solarier, Utopier, Harmonier – ihre schrecklichen Namen ähneln ihrem Geschick, diesem Alpdruck, der auch uns verheißen ist, denn wir selbst haben ihn zum Ideal erhoben.

Indem die Utopien die Vorzüge der Arbeit predigten, mußten sie sich in Widerspruch zur *Genesis* stellen. Ganz besonders in diesem Punkte sind sie der Ausdruck einer von der täglichen Mühe verschlungenen Menschheit, die stolz darauf ist, an den Folgen des Sündenfalls Gefallen zu finden, deren schwerwiegendste die Besessenheit von der Leistung bleibt. Die Stigmata einer Menschheit, welche den »Schweiß der Stirn« liebenswert findet, die aus ihm ein Adelszeichen macht, die sich *lobsingend* plagt und abrackert, wir tragen sie stolz zur Schau; daher das Grauen, das uns Verstoßenen der Auserwählte einflößt, der sich weigert, geschäftig zu sein oder sich auf irgendeinem Gebiet auszuzeichnen. Zu der Weigerung, die wir ihm übelnehmen, ist nur derjenige fähig, der die Erinnerung an ein unvordenkliches Glück bewahrt. Mitten unter seinen Nächsten ist er in fremdem Land; er ist wie sie und kann doch nichts mit ihnen gemein haben; wohin er auch blickt, fühlt er sich nicht *von hier;* alles was er wahrnimmt, erscheint ihm als Usurpation: sogar die Tatsache, daß er einen Namen trägt ... Seine Unternehmungen scheitern, er läßt sich in sie hineinziehen, ohne an sie zu glauben: Scheinbilder, von denen ihn das *genaue* Bild einer andern Welt ablenkt. Einmal aus dem Paradies vertrieben, erhielt der Mensch, damit er nicht mehr daran denke und nicht mehr daran leide, als Ausgleich die Fähigkeit zu wollen, zum Werk zu streben, sich mit Begeisterung, mit Brio hineinzustürzen. Aber der Willenlose in seiner Abgelöstheit, in seiner übernatürlichen Auszehrung, welche Anstrengung soll er hervorbringen, welchem Gegenstand soll er sich hingeben? Nichts verpflichtet ihn, aus seiner Abwesenheit herauszutreten. Und doch entgeht auch er nicht völlig der allgemeinen Verdammnis: er *erschöpft* sich in einem Bedauern, und er verausgabt darin mehr Energie als wir in allen unseren Tätigkeiten herzugeben haben.

Als Christus versicherte, das »Königreich Gottes« sei weder »hier« noch »dort«, sondern in unserm Innern, verurteilte er damit im Voraus die utopischen Konstruktionen, für die jedes »Königreich« notwendigerweise *äußerlich* ist und ohne jede Beziehung zu unserem tiefen Ich und unserem individuellen Heil. Solange sie uns ihr Zeichen aufprägen, erwarten wir unsere Erlösung von außen, vom Lauf der Dinge und vom Vormarsch der Kollektive. Daraus entstand der »Sinn der Geschichte«, den die Mode an die Stelle des Fortschritts setzen sollte, ohne wirklich Neues hinzuzufügen. Immerhin mußte zwar nicht ein Begriff, aber eine seiner verbalen Übersetzungen, die man allzusehr mißbraucht hatte, zum Abfall geworfen werden. Ideologien lassen sich ohne Hilfe der Synonyme nicht leicht erneuern.

So verschieden ihre Verkleidungen sein mögen, die Idee der Perfektibilität ist tief in unser sittliches Verhalten eingedrungen: selbst wer sie in Zweifel zieht, hängt ihr an. Daß die Geschichte *einfach so* abrollt, unabhängig von einer zielbestimmten Richtung, das will niemand zugeben. »Ein Ziel hat sie, sie läuft darauf zu, sie hat es schon so gut wie erreicht«, proklamieren unsere Wünsche und unsere Doktrinen. Je mehr eine Idee mit unmittelbaren Verheißungen befrachtet ist, um so größer wird ihre Chance sein, sich durchzusetzen. Da die Christen unfähig waren, das »Königreich Gottes« in sich selbst zu finden, oder wohl eher zu schlau, um es dort zu suchen, verlegten sie es in die Zukunft: sie pervertierten eine Lehre, um deren Erfolg zu sichern. Übrigens nährte Christus selbst diese Zweideutigkeit; einerseits predigte er, als er auf die Unterstellungen der Pharisäer antwortete, ein inneres, der Zeit entzogenes Königreich, andererseits bedeutete er seinen Jüngern, das Heil sei nahe und sie würden bei der Vollendung aller Dinge dabeisein, sie und die »gegenwärtige Generation«. Er hatte begriffen, die Menschen würden das Martyrium um einer Chimäre willen, aber nicht um einer Wahrheit willen auf sich nehmen, und darum schloß er einen Kompromiß mit ihrer Schwäche. Er hätte sein Werk kompromittiert, hätte er anders gehandelt. Aber was bei ihm Zugeständnis oder Taktik war, das ist bei den Utopisten Postulat oder Passion.

Ein großer Schritt vorwärts wurde getan, als die Menschen begriffen, sie müßten sich zusammentun, um sich besser gegenseitig quälen zu können, sie müßten eine Gesellschaft organisieren. Wenn man den Utopien glauben darf, ist ihnen das bisher nur zur Hälfte gelungen; also nehmen sie sich vor, ihnen dabei zu helfen, ihnen einen zur Herstellung vollständigen Glücks geeigneten Rahmen zu bieten, und fordern als Gegengabe, daß sie auf ihre Freiheit verzichten oder sie nur behalten, sich dieser Freiheit nur bedienen, um lauthals ihre Freude zu bekunden inmitten der Leiden, die sie sich um die Wette zufügen. Solchen Sinn scheint die höllische Betreuung zu haben, die sie ihnen zuteil werden lassen. Wie sollte man da nicht auf den Einfall kommen, sich eine Utopie gegen den Strich auszudenken, eine Liquidierung des winzigen Guten und des unermeßlichen Schlimmen, die mit der Existenz jeder sozialen Ordnung, welche auch immer es sei, verbunden sind? Das Projekt ist verlockend, die Versuchung unwiderstehlich. Eine so riesige Summe von Anomalien, durch welches Mittel ihr ein Ende setzen? Man hätte etwas nötig, vergleichbar dem *universellen Auflösungsmittel* der Alchimisten, dessen Wirksamkeit man nicht an Metallen, sondern an Institutionen erproben würde. In der Zwischenzeit, bis die Formel gefunden ist, stellen wir am Rande fest, daß Alchimie und Utopie sich praktisch berühren: in heterogenen Gebieten verfolgen sie jede für sich einen verwandten, wenn nicht sogar den gleichen Transmutationstraum; die eine befaßt sich mit dem Unreduzierbaren in der Natur, die andere mit dem Unreduzierbaren in der Geschichte. Und aus einer und derselben Verkehrtheit des Geistes oder einer und derselben Hoffnung entspringen das Lebenselixier und der Idealstaat.

Wenn eine Nation sich vor den andern hervortun will, um sie zu demütigen und sie zu zermalmen oder auch nur um eine einmalige Physiognomie zu erwerben, dann bedarf sie einer unsinnigen Idee, die sie lenkt und ihr Ziele ohne gemeinsames Maß mit ihren wirklichen Fähigkeiten vorschlägt. Ebenso entwickelt und behauptet sich eine Gesellschaft erst, wenn ihr Ideale eingeflößt oder eingebleut werden, die in keinem Verhältnis zu dem stehen, was sie ist. Die Utopie erfüllt im Leben der Kollektive die Funktion, die der Missionsidee im Leben der Völker zugesprochen wird. Ideologien sind das Nebenprodukt und gleichsam der vulgäre Ausdruck messianischer oder utopischer Visionen.

An sich ist eine Ideologie weder gut noch schlecht. Alles hängt von dem Zeitpunkt ab, wo man sie sich aneignet. Der Kommunismus zum Beispiel wirkt auf eine mannhafte Nation als ein Stimulans; er drängt sie vorwärts und begünstigt ihre Ausdehnung; auf eine wankende Nation könnte sein Einfluß weniger glücklich sein. Er ist weder wahr noch falsch, er beschleunigt nur die Prozesse, und nicht *seinetwegen*, sondern *durch seine Vermittlung* errang sich Rußland seine gegenwärtige Lebenskraft. Würde er die gleiche Rolle spielen, wenn er einmal im übrigen Europa Boden gewänne? Wäre er auch hier ein Prinzip der Erneuerung? Man möchte es gern hoffen; in jedem Fall gibt es auf diese Frage nur eine indirekte, willkürliche, durch Analogien historischer Ordnung angeregte Antwort. Man denke an die Auswirkungen des Christentums in seinen Anfängen: es versetzte der antiken Gesellschaft einen schicksalhaften Stoß, paralysierte sie und machte ihr den Garaus; dagegen war es ein Segen für die Barbaren, deren Instinkte im Kontakt mit ihm sich aufs Höchste steigerten. Es frischte keine abgelebte Welt auf, davon war es weit entfernt, es frischte nur die auf, die schon frisch waren. Auf die gleiche Weise wird der Kommunismus nur denen Rettung bringen, *zunächst jedenfalls*, die schon gerettet sind; er wird den Todgeweihten keine konkrete Hoffnung spenden, und noch weniger wird er Leichen zum Leben erwecken können.

Nachdem wir die lächerlichen Seiten der Utopie angeprangert haben, wollen wir nun auch von ihrer Verdienstlichkeit reden. Da sich die Menschen nun einmal so gut mit ihrem sozialen Zustand abfinden und das Gute und Schlimme darin kaum unterscheiden, wollen wir es ihnen gleichtun und ihre Unbewußtheit als gegeben ansehen.

Man wird die Utopien nie genug dafür loben können, daß sie den Frevel des Eigentums zur Anklage bringen, die Greuel, die es darstellt, die Plagen, die es verursacht. Der Eigentümer, ob klein oder groß, ist in seinem Wesensgrund beschmutzt und korrumpiert: seine Korruption springt auf das geringste Ding über, das er anrührt oder sich aneignet. Wenn man sein »Vermögen« bedroht, wenn man ihn seiner Glücksgüter beraubt, wird er zu einer Bewußtwerdung gezwungen sein, deren er für gewöhnlich kaum fähig ist. Damit er wieder ein menschliches Ansehen bekommt, damit er seine »Seele« zurückgewinnt, muß er ruiniert sein und seinem Ruin zustimmen. Die Revolution wird ihm dabei helfen. Sie gibt ihm seine ursprüngliche Nacktheit zurück, dadurch vernichtet sie ihn im gegenwärtigen Zeitpunkt, rettet ihn aber im Absoluten, denn sie befreit – innerlich, wohlverstanden – gerade diejenigen, die sie mit ihren ersten Schlägen trifft: die Besitzenden; sie *versetzt sie zurück*, sie gibt ihnen wieder ihre alte Dimension und führt sie zu den Werten zurück, die sie verraten haben. Doch sogar schon bevor sie die Mittel oder Gelegenheiten hat, loszuschlagen, facht sie in ihnen eine heilsame Furcht an: sie stört ihren Schlaf, gibt ihren Alpträumen Nahrung, und mit dem Alptraum beginnt das metaphysische Erwachen. Gerade als Wirkstoff der Zerstörung erweist sie sich als nützlich; wäre sie noch so verhängnisvoll, eins wird immer zu ihren Gunsten sprechen: sie allein weiß, welche Art von Terror sie anwenden muß, um diese Welt von Eigentümern aufzurütteln, die fürchterlichste aller möglichen Welten. Jede Form des Besitzes, scheuen wir uns nicht, dies zu betonen, entwürdigt, macht gemein, schmeichelt dem Ungeheuer, das in jedem von uns schlummert. Über etwas verfügen, und sei es nur ein Besen, irgend etwas als sein eigenes Hab und Gut betrachten, heißt an der allgemeinen Ehrlosigkeit teilhaben. Welch ein Hochgefühl, wenn du entdeckst, daß dir nichts gehört, welche Offenbarung! Du hieltest dich für den Letzten der Menschen, und siehe da, plötzlich wie ein Erleuchteter von deiner Mittellosigkeit überrascht, leidest du nicht mehr daran; du bist ganz im Gegenteil stolz darauf. Und alles, was dir noch zu wünschen bleibt, ist, so mittellos zu sein wie ein Heiliger oder wie ein Irrer.

Wenn einem die traditionellen Werte unausstehlich geworden sind, wendet man sich notwendigerweise der Ideologie zu, die sie verneint. Und durch ihre Verneinungskraft verführt sie viel mehr als durch ihre positiven Formeln. Wer den Umsturz der gesellschaftlichen Ordnung wünscht, macht eine Krise durch, die mehr oder weniger von kommunistischen Motiven gekennzeichnet ist. Das ist heute so wahr wie es gestern wahr gewesen ist und morgen wahr sein wird. Alles spielt sich so ab, als wären seit der Renaissance die geistigen Persönlichkeiten zwar an der Oberfläche vom Liberalismus beeindruckt worden, in der Tiefe aber vom Kommunismus, der keineswegs ein Gelegenheitsprodukt, ein historischer Zufall gewesen ist, sondern Erbe der utopischen Systeme und Nutznießer einer langen unterirdischen Arbeit; zuerst Laune oder Schisma, sollte er dann den Charakter einer Bestimmung und einer Orthodoxie annehmen. Zur gegenwärtigen Stunde kann man sich mit Bewußtsein nur für zwei Arten der Revolte einsetzen: die kommunistische und die antikommunistische. Wie sollte man indessen nicht bemerken, daß der Antikommunismus einem wütenden und schaudernden Glauben an die Zukunft des Kommunismus gleichkommt?

Wenn die Stunde einer Ideologie schlägt, wirkt alles, sogar ihre Feinde, an ihrem Erfolg mit; weder Polemik noch Polizei können ihre Ausbreitung verhindern oder ihre Triumphe verzögern; sie will und sie kann sich verwirklichen, sich verkörpern; doch je mehr ihr dies gelingt, desto mehr geht sie das Risiko ein, sich zu erschöpfen; sobald sie feste Formen angenommen hat, wird sie sich ihres idealen Inhalts entleeren, sie wird ihre Hilfsquellen überziehen und am Ende die Heilsverheißungen verspielen, über die sie verfügte, sie wird in Geschwätz entarten oder zur Vogelscheuche herabsinken.

Die Laufbahn, die dem Kommunismus noch vorbehalten ist, hängt von dem Tempo ab, mit dem er seine Utopie-Vorräte verausgaben wird. Solange er noch welche besitzt, wird er unvermeidlich für alle Gesellschaften, die das Experiment mit ihm noch nicht durchgemacht haben, eine Verlockung sein; hier zurückweichend, dort vordringend, mit Eigenschaften ausgestattet,

die keine andere Ideologie zu bieten hat, wird er die Reise um die Welt machen, sich an die Stelle der erloschenen oder ins Wanken geratenen Religionen setzen, und den modernen Massen ein Absolutes vorschlagen, das ihres Nichts würdig ist.
An sich selbst betrachtet, erscheint er als die einzige Realität, die man noch anerkennen könnte, solange man sich nur ein Quentchen Illusion über die Zukunft bewahrt hat: darum sind wir alle mehr oder weniger Kommunisten ... Aber ist es nicht eine unfruchtbare Spekulation, wenn man eine Doktrin außerhalb der ihrer praktischen Verwirklichung anhaftenden Anomalien beurteilt? Der Mensch wird immer auf das Heraufkommen der Gerechtigkeit bauen; damit sie triumphiert, verzichtet er auf die Freiheit, die er nachher beklagen wird. Was er auch unternehmen mag, seinem Tun und Denken droht die Sackgasse, als wäre sie nicht das Endstadium, sondern der Ausgangspunkt, die Bedingung und der Schlüssel dazu. Keine neue soziale Form wäre imstande, die Vorteile der alten zu bewahren: eine beinahe gleiche Summe von Nachteilen läßt sich in allen Gesellschaftsmustern feststellen. Verfluchtes Gleichgewicht, unheilbare Stagnation, an der in gleicher Weise die Individuen wie die Kollektive leiden. Die Theorien vermögen nichts daran zu ändern, der Grund der Geschichte bleibt für die Doktrinen, die ihre äußeren Erscheinungen prägen, undurchdringlich. Die christliche Ära war etwas ganz anderes als das Christentum; die kommunistische Ära ihrerseits vermag vom Kommunismus als solchem keinen Begriff zu geben. Es gibt kein von Natur aus christliches Ereignis und kein von Natur aus kommunistisches.

Wenn die Utopie die hypostasierte Illusion war, so geht der Kommunismus noch weiter: er wird die befohlene, aufgenötigte Illusion sein, eine Herausforderung gegenüber der Allgegenwart des Bösen, ein *obligatorischer* Optimismus. Schwer wird sich einer damit abfinden, der auf Grund seiner Erlebnisse und Erfahrungen im Rausch der Enttäuschung lebt; ihm wird es ganz wie dem

Herausgeber der *Genesis* widerstehen, das Goldene Zeitalter mit dem Werden in Zusammenhang zu bringen. Nicht als ob er die vom »unbegrenzten Fortschritt« Besessenen verachtete und ihre Anstrengungen, die Gerechtigkeit im Diesseits zum Siege zu führen; aber zu seinem Unglück weiß er, daß sie eine materielle Unmöglichkeit ist, ein grandioser Nonsens, das einzige Ideal, von dem sich mit Gewißheit behaupten läßt, daß es niemals realisiert werden wird; die Natur und die Gesellschaft scheinen alle ihre Gesetze dagegen mobilisiert zu haben.

Diese Konflikte, diese zerreißenden Widersprüche sind nicht allein die eines Einsamen. Mit mehr oder weniger Intensität erleben auch wir sie, wir übrigen: sind wir nicht soweit, daß wir die Zerstörung dieser unserer Gesellschaft wünschen, in vollem Bewußtsein der Fehlschläge, die uns die andere bereiten wird, wenn sie an ihre Stelle tritt: Ein völliger Umsturz, wäre er auch nutzlos, eine Revolution *ohne Glauben* ist alles, was man in einer Epoche noch hoffen kann, wo niemand mehr harmlos genug ist, um ein echter Revolutionär zu sein. Wenn man vom Wahnwitz des Intellekts ergriffen und dem des Chaos ausgeliefert wird, reagiert man wie ein Tollwütiger, der im vollen Besitz seiner geistigen Fähigkeiten ist, ein seiner Narrheit überlegener Narr, oder wie ein Gott, der in einem Anfall von klarsichtiger Raserei Gefallen daran fände, sein Werk und sein Wesen in Staub aufzulösen.

Von nun an sind unsere Zukunftsträume untrennbar von unseren Ängsten. Die utopische Literatur lehnte sich in ihren Anfängen gegen das Mittelalter auf, gegen das hohe Ansehen, das die Hölle bei ihm genoß, und gegen die Vorliebe, die es für die Visionen des Weltendes bezeugte. Man könnte sagen, die so tröstlichen Systeme eines Campanella und eines Morus seien nur zu dem einen Zweck erdacht worden, die Halluzinationen einer Heiligen Hildegard zu diskreditieren. Heute sind wir mit dem Schrecklichen versöhnt, und wir erleben eine Ansteckung der Utopie durch die Apokalypse: die »neue Erde«, die man uns verkündigt, nimmt mehr und mehr die Züge einer neuen Hölle an. Aber auf diese Hölle warten wir jetzt, wir machen uns sogar eine Pflicht daraus, ihre Ankunft zu beschleunigen. Die beiden Gattungen, die Utopie und die Apokalypse, die uns so unvereinbar schienen, durchdringen jetzt einander, färben aufeinander ab und bilden eine dritte, die in wunderbarer Weise geeignet ist, die Art Realität, die uns bedroht, widerzuspiegeln; und von nun an werden wir dennoch Ja sagen zu dieser Realität, ein korrektes Ja ohne Illusion. Das wird unsere Weise sein, vor dem Verhängnis *makellos* zu bleiben.

DAS GOLDENE ZEITALTER

I

»Damals lebten die Menschen wie die Götter, das Herz frei von Sorgen, fern der Arbeit und dem Schmerz. Das traurige Greisenalter kam nicht zu ihnen, sie bewahrten ihr ganzes Leben lang die Kraft ihrer Füße und ihrer Hände, und in den Festen genossen sie die Freuden, vor allen Übeln geschützt. Sie starben, wie man einschläft, vom Schlaf besiegt. Alle Güter gehörten ihnen. Das fruchtbare Land bot ihnen von selbst überreichliche Nahrung dar, die sie sich nach Belieben schmecken ließen ...«
(Hesiod, *Werke und Tage*)

Dieses Bild des Goldenen Zeitalters berührt sich mit dem des biblischen Eden. Beide sind so konventionell wie möglich: die Unwirklichkeit kann nie dramatisch sein. Zum mindesten haben sie das Verdienst, das typische Bild einer statischen Welt zu definieren, wo die Identität nicht aufhört sich selbst zu betrachten, wo die ewige Gegenwart herrscht, diese allen Paradiesesvisionen gemeinsame Zeit, die aus Opposition gegen den eigentlichen Zeitbegriff erdichtete Gegenzeit. Will man sie verstehen und ihr zustreben, so muß man das Werden verabscheuen, dessen Last und Unbehagen fühlen, sich um jeden Preis ihm zu entreißen wünschen. Dieser Wunsch ist der einzige, dessen ein kranker Wille noch fähig ist, der sich anderswo auszuruhen und aufzulösen begehrt. Hätten wir uns vorbehaltlos der ewigen Gegenwart verschrieben, dann hätte die Geschichte nicht stattgefunden, oder sie wäre jedenfalls nicht zum Synonym von Bürde und Marter geworden. Wenn die Geschichte zu schwer und qualvoll auf uns lastet, bemächtigt eine namenlose Feigheit sich unseres Wesens: die Aussicht, uns noch weiter durch die Jahrhunderte hindurchkämpfen zu müssen, wird zu einem Alptraum. Das leichte Leben des mythologischen Zeitalters verlockt uns dann schmerzlich, oder, wenn wir Leser der Genesis sind, verpflanzen uns die schweifenden Träume der Sehnsucht in die glückselige Benommenheit des ersten Gartens, unser Geist ruft die Engel herauf und gibt sich Mühe, ihr Geheimnis zu durchdringen. Je mehr wir ihnen, den Engeln, nachsinnen, um so deutlicher tauchen sie aus unserer Müdigkeit empor, nicht ohne einigen Gewinn für uns: ermessen wir nicht durch sie erst den Grad unserer Nichtzugehörigkeit zur Welt, unserer Ungeschicklichkeit, uns ihr einzufügen? So ungreifbar, so unwirklich sie sein mögen, sie sind es doch weniger als wir, die wir darüber nachdenken und sie anrufen, wir, Schatten oder Nachahmungen von Schatten, ausgezehrtes Fleisch, erstickter Hauch. Und mit allen unseren Miseren, als unterdrückte Schemen, denken wir an sie und flehen sie an. Nichts ist »schrecklich« in ihrer Natur, wie es ein Elegiker behauptet; nein, das Schreckliche ist, soweit gekommen zu sein, daß man sich nur noch mit ihnen verstehen kann, oder sie plötzlich, wenn wir sie tausend Meilen von uns entfernt glauben, aus der Dämmerung unseres eigenen Blutes aufsteigen zu sehen.

II

Die Götter haben uns, wie gleichfalls Hesiod sagt, die »Quellen des Lebens« verborgen; Prometheus übernahm es, sie uns zu enthüllen. Für alle unsere Mißgeschicke trifft ihn die Verantwortung, doch er war sich dessen nicht bewußt, obwohl er sich mit seinem Scharfsinn brüstete. Die Reden, die Äschylos ihm in den Mund legt, sind Wort für Wort der polare Gegensatz zu denen, die wir soeben in *Werke und Tage* gelesen haben: »Früher sahen die Menschen, aber sie sahen schlecht; sie hörten, aber sie begriffen nicht ... Sie handelten, aber stets ohne Überlegung.« Man bemerkt den Ton; unnötig, mehr zu zitieren. Im ganzen genommen warf er ihnen vor, daß sie in der uranfänglichen Idylle untertauchten und sich den Gesetzen ihrer Natur anpaßten, die vom Bewußtsein unangetastet war. Er erweckte sie zum Geist, er trennte sie von jenen »Quellen« ab, die sie vorher genossen, ohne ihre Tiefen oder ihren Sinn ausloten zu wollen, doch damit verschaffte er ihnen nicht das Glück, sondern die Verdammnis und die Qualen des Titanentums. Das Bewußtsein konnten sie leicht entbehren; er bleute es ihnen ein, zwang es ihnen auf, und es ließ in ihnen ein Drama entstehen, das sich in jedem von uns fortsetzt und erst mit dem Menschengeschlecht enden wird. Je mehr die Zeiten fortschreiten, um so tiefer nimmt das Bewußtsein uns in Beschlag, beherrscht uns, entreißt uns dem Leben; wir wollen uns von neuem daran festklammern, und da es uns nicht gelingt, hadern wir mit beiden, wägen dann Bedeutungen und Aufgaben immer erbitterter gegeneinander ab, und am Ende hadern wir mit uns selbst. Das hatte er nicht vorausgesehen, dieser heillose Philanthrop, der nur die Illusion zur Entschuldigung hat, Versucher wider Willen, leichtsinnige und schlechtberatene Schlange. Die Menschen *hörten:* was brauchten sie zu *begreifen?* Er zwang sie dazu und lieferte sie damit dem Werden aus, der Geschichte; mit andern Worten, verjagte sie aus der ewigen Gegenwart. Ob unschuldig oder schuldhaft, gleichviel; er verdiente seine Strafe.

Prometheus war der erste Eiferer der »Wissenschaft«, ein *Moderner* im schlimmsten Sinne des Wortes, und seine Prahlereien und seine Delirien kündigen die manch eines Doktrinärs des letzten Jahrhunderts an: einzig seine Leiden trösten uns über so viele Extravaganzen hinweg. Der Adler, das ist jemand, der *begriffen* hat: er hatte unsere Zukunft erraten und wollte uns ihre Schrecken ersparen. Aber der Anstoß war gegeben: die Menschen hatten den Schlichen des Versuchers Geschmack abgewonnen, der sie lehrte, in den *Untergründen* des Lebens zu wühlen wie er, trotz des Verbotes der Götter. Zu den Taktlosigkeiten und Gewalttaten der Erkenntnis, dieser mörderischen Neugier, die uns daran hindert, mit der Welt in Frieden zu leben, dazu hat er uns aufgehetzt. Brachte er nicht, als er das Wissen und die Tat idealisierte, damit zugleich das Sein zu Fall, und mit dem Sein auch die Möglichkeit des Goldenen Zeitalters? Die Unbilden, denen er uns überantwortete, waren zwar nicht die seinigen wert, doch sie sollten von längerer Dauer sein. Er hat sein »Programm« großartig durchgeführt, das zusammenhängend ist wie das Verhängnis selbst; jedoch ... gegen den Strich. Alles was er uns gepredigt und auferlegt hat, sollte sich Punkt für Punkt zuerst gegen ihn, dann gegen uns wenden. Man schüttelt nicht ungestraft die Unbewußtheit des Anbeginns ab; jene, die sich nach seinem Vorbild daran vergreifen, folgen ihm unentrinnbar in sein Schicksal: sie werden zerrissen, denn auch sie haben ihren Felsen und ihren Adler. Und der Haß, mit dem sie ihn bedenken, ist um so bösartiger, als sie sich selbst *in ihm* hassen.

III

Der Übergang zum Silbernen Zeitalter, dann zum Ehernen und Eisernen, kennzeichnet den Fortschritt unseres Verfalles, unserer Entfernung von jener ewigen Gegenwart, von der wir nur noch das Scheinbild fassen können und mit der wir keine gemeinsame Grenze mehr haben: sie gehört zu einer andern Welt, sie entzieht sich uns, und wir sind so verschieden von ihrer Natur, daß wir kaum dazu imstande sind, eine Ahnung von ihr zu haben. Kein Mittel, sie uns anzueignen: haben wir sie einst wirklich besessen? Und wie sollen wir wieder in ihr Fuß fassen, da nichts uns ihr Bild zurückgibt? Wir sind für immer darum betrogen, und wenn wir ihr manchmal näher kommen, so geschieht es dank jener äußersten Sattheit und Erschlaffung, in welcher sie doch nur eine Karikatur ihrer selbst ist, eine Parodie des Unverrückbaren, lahmgelegtes Werden, in einem zeitlosen Geiz erstarrt, über einem unfruchtbaren Augenblick zusammengekrümmt, über einem Schatz, der arm macht —: gespenstisches, entleertes und doch erfülltes, weil mit Leere gesättigtes Werden. Für Wesen, denen die Ekstase verboten wurde, ist keine Tür aufgetan zu ihren Ursprüngen, es sei denn durch das Erlöschen ihrer Vitalität, die Abwesenheit jeden Attributs, durch diese Empfindung hohler Unendlichkeit, wesenlosen Abgrunds, aufgeblähten Raumes, kläglicher und nichtiger Dauer.

Es gibt eine echte Ewigkeit, eine positive, die jenseits der Zeit liegt; es gibt eine andere, negative, falsche, die sich im Diesseits erstreckt: dieselbe, in der wir stagnieren, fern vom Heil, außerhalb der Zuständigkeit eines Erlösers, und sie befreit uns, indem sie uns aller Dinge beraubt. Die Welt hat ausgespielt, und wir erschöpfen uns in der Veranstaltung unseres eigenen Augenscheins. Ist denn das Organ verkümmert, das uns erlaubte, den Grund unseres Wesens wahrzunehmen?, und sind wir für immer auf unsere Scheinbilder reduziert? Zählte man alle Übel auf, an denen Fleisch und Geist leiden, dann wären sie immer noch nichts im Vergleich zu dem einen: der Unfähigkeit, uns mit der ewigen Gegenwart in Übereinstimmung zu setzen oder ihr auch nur ein winziges Teilchen ihrer Freude abzugewinnen.

Unwiderruflich sind wir der negativen Ewigkeit verfallen: dieser zerpflückten Zeit, die sich nur behauptet, indem sie sich selbst aufhebt, deren Wesen auf eine Reihe von Zerstörungen reduziert ist, eine Summe von Zweideutigkeiten, eine Fülle, deren Prinzip im Nichts wohnt. Wir leben und sterben in jedem ihrer Augenblicke, ohne zu wissen, *wann* sie ist, denn in Wahrheit ist sie niemals. Trotz ihrer Hinfälligkeit hängen wir ihr so zähe an, daß mehr als ein Umsturz unserer Gewohnheiten dazu nötig wäre, uns von ihr loszubringen: eine Versehrung des Geistes, ein Riß im Ich, durch den hindurch wir das Unzerstörbare deutlich sehen und einen Zugang zu ihm finden könnten, eine Gunst, die nur wenigen Verstoßenen beschieden ist, als Lohn für ihre Zustimmung zu ihrem eigenen Verfall. Die andern, beinahe die Gesamtheit der Sterblichen, erklären sich zwar eines solchen Opfers für unfähig, verzichten aber nicht etwa auf die Suche nach einer *andern* Zeit; machen sie im Gegenteil hartnäckig und ungestüm zu ihrer Aufgabe, verlegen sie jedoch ins Diesseits, gemäß den Ratschlägen der Utopie, die den Versuch unternimmt, ewige Gegenwart und Geschichte, die Wonnen des Goldenen Zeitalters und die prometheischen Ambitionen miteinander zu versöhnen, oder, um zur biblischen Terminologie zu greifen, Eden auf der Basis des Sündenfalls wiederaufzubauen und so dem neuen Adam zu gestatten, die Vorteile des alten kennenzulernen. Heißt das nicht den Versuch wagen, die Schöpfung zu revidieren?

IV

Der Einfall, den Vico hatte, eine »ideale Geschichte« zu konstruieren und den Kreis ihrer »ewigen Wiederkehr« nachzuzeichnen, findet sich, auf die Gesellschaft angewendet, in den utopischen Systemen, deren Eigentümlichkeit es ist, daß sie ein für alle Male die »soziale Frage« lösen wollen. Daher ihre Besessenheit vom *Endgültigen* und ihre Ungeduld, das Paradies so früh wie möglich in der unmittelbaren Zukunft einzuführen: eine Art von stationärer Dauer, von erstarrter Möglichkeit, eine Nachahmung der ewigen Gegenwart. »Ich verkündige die universelle Harmonie«, sagt Fourier, »deshalb mit soviel Gewißheit als unmittelbar bevorstehend, weil die Organisation des Gesellschaftszustandes nicht mehr als zwei Jahre erfordert ...« Ein naives Bekenntnis, allerdings, aber es übersetzt dennoch eine tiefe Wirklichkeit. Könnten wir uns in die kleinste Unternehmung stürzen ohne die geheime Überzeugung, daß das Absolute von uns abhängt, von unseren Gedanken und von unseren Taten, und daß wir seinen Sieg innerhalb recht kurzer Frist herbeizuführen vermögen? Wer sich mit irgendetwas vollkommen identifiziert, benimmt sich so, als baue er auf die Ankunft der »universellen Harmonie« oder als halte er sich für ihren Beförderer. Handeln heißt, sich in einer nahen Zukunft verankern, einer fast greifbar nahen, heißt, gefühlsmäßig mit ihr zusammenwachsen. Nicht dasselbe gilt für diejenigen, die der Dämon des Aufschubs verfolgt. »Was man mit Nutzen aufschieben kann«, wiederholen sie mit Epiktet, »das kann man mit noch größerem Nutzen ganz im Stich lassen« –, und doch geht die Leidenschaft der Vertagung bei ihnen nicht wie bei dem Stoiker aus einer moralischen Betrachtung hervor, sondern aus einem beinahe methodischen Entsetzen und aus einem Ekel, der zu eingefleischt ist, als daß er nicht das Gebaren einer Disziplin oder eines Lasters annähme. Das Vorher und das Nachher haben sie geächtet, das Heute und das Morgen entleert und in gleicher Weise unbewohnbar werden lassen, weil es ihnen leichter fällt, mit ihrer Einbildungskraft in zehntausend Jahren zu leben als sich dem Vorliegenden und Bevorstehenden anzubequemen. Jahrelang haben sie mehr die Zeit an sich im Sinne gehabt als die objektive Zeit, mehr das Unbestimmte als das Wirksame, mehr das Ende der Welt als das Ende eines Tages. Weder in der Dauer noch in der Ausdehnung kennen sie bevorzugte Momente oder Orte, sie schreiten von Versagen zu Versagen, und wenn selbst diese Form des Fortschritts ihnen nicht erlaubt ist, bleiben sie stehen, blicken nach allen Seiten, befragen den Horizont: es gibt keinen Horizont mehr ... Und dann empfinden sie nicht etwa nur ein Schwindelgefühl, sondern eine so starke Panik, daß sie ihre Schritte lähmt und sie am Fliehen hindert. Das sind Ausgeschlossene, Verbannte, Zeitlose, vom Rhythmus abgeschnitten, der den großen Haufen mitreißt, sie sind die Opfer eines bleichsüchtigen und hellsichtigen Willens, die mit sich selbst diskutieren und immerfort *sich selbst zuhören.* Wollen im vollen Sinn des Wortes heißt Nichtwissen, daß man will, heißt sich weigern, das Phänomen des Willens zu ergründen. Der Tatmensch wägt weder seine Impulse noch seine Motive, erst recht nicht kontrolliert er seine Reflexe: er gehorcht ihnen, ohne nachzudenken und ohne sie zu hemmen. Nicht die Tat an sich interessiert ihn, sondern der Zweck, die Absicht der Tat; ebenso wird der *Gegenstand* und nicht der Mechanismus des Willens seine Aufmerksamkeit fesseln. Im Lebenskampf sucht er das Endgültige oder hofft es hervorzubringen, gleich jetzt oder in zwei Jahren ... Sich betätigen heißt sich von irgendeiner Form der Perfektion blenden lassen: sogar noch die Bewegung als solche enthält eine utopische Beimischung. Schon allein Atmen wäre eine Qual ohne die Erinnerung oder die Vorahnung des Paradieses, des höchsten – wenn auch unbewußten – Zieles unserer Wünsche, das den unausgesprochenen Wesensgrund unseres Gedächtnisses und unserer Erwartung bildet. Weil die Modernen unfähig waren, es in den tiefsten Schichten unserer Natur zu entdecken, zu sehr in Eile, um es dort auszugraben, mußten sie es in die Zukunft projizieren, und das Motto der saint-simonistischen Zeitung *Le Producteur* faßt alle ihre Illusionen zusammen: »Das Goldene Zeitalter, das eine blinde Überlieferung in die Vergangenheit verlegt hatte, ist vor uns.« Daher die Aufgabe, sein Kommen zu beschleunigen, es für die Ewigkeit einzurichten, nach einer nicht aus der Angst, sondern aus der Schwärmerei und der Euphorie, aus einem verdächtigen und fast krankhaften Glückshunger entsprungenen Eschatologie. Der Revolutionär glaubt, daß die Umwälzung, die er vorbereitet, die letzte sein wird; genau so denken wir alle in unseren Tätigkeitsbereichen: das *Letzte* ist die Zwangsvorstellung, die den Lebenden verfolgt. Wir rackern uns ab, weil es uns, glauben wir, zukommt, die Geschichte zu vollenden, sie abzuschließen; sie erscheint uns als unsere ureigene Domäne, ebenso übrigens auch die »Wahrheit«, die endlich aus ihrer Zurückhaltung hervortritt und sich uns entschleiert. Der Irrtum ist das Los der andern; wir allein haben alles begriffen. Über seine Mitmenschen triumphieren, dann über Gott, dessen Werk man umgestalten, von seinen Mängeln befreien will – wer dies nicht versucht, wer es nicht für seine

Pflicht hält, dies zu versuchen, der verzichtet, sei es aus Weisheit, sei es aus Trägheit, auf seine eigentliche Bestimmung. Prometheus wollte es besser machen als Zeus; wir, als improvisierte Demiurgen, wollen es besser machen als Gott, wollen ihm die Demütigung bereiten, ein dem seinigen überlegenes Paradies aufzubauen, wir wollen das Irreparable abschaffen, die Welt »defatalisieren«, um ein Wort aus dem Jargon Proudhons zu gebrauchen. In ihrem typischen Muster ist die Utopie ein kosmogonischer Traum *auf der Ebene der Geschichte.*

V

Das Paradies auf Erden wird sich nicht errichten lassen, solange die Menschen von der *Sünde* gezeichnet sind; es handelt sich also darum, sie ihr zu entreißen, sie von ihr zu befreien. Die Systeme, die sich dieser Aufgabe widmeten, haben alle einen mehr oder weniger verkleideten Pelagianismus gemeinsam. Man weiß, daß Pelagius (ein Kelte, ein Naiver!) die Folgen des Sündenfalles leugnete und dadurch der Pflichtvergessenheit Adams jedes Vermögen nahm, die Nachwelt zu affizieren. Unser erster Ahnherr erlebte ein strikt persönliches Drama, zog sich eine Ungnade zu, die ihn allein betraf, ohne in irgendeiner Form das Vergnügen zu kennen, uns seine Makel und seine Mißgeschicke zu hinterlassen. Wir sind frei geboren: keine Spur einer ererbten Verdorbenheit.

Man kann sich schwerlich eine edelmütigere und falschere Lehre vorstellen; es handelt sich um eine Ketzerei vom utopischen Typ, fruchtbar gerade durch ihre Maßlosigkeit, ihre zukunftsreiche Absurdität. Nicht als hätten sich die Autoren von Utopien davon unmittelbar inspirieren lassen; aber es ist unbestreitbar, daß durch die Geschichte des modernen Denkens eine ganze, dem Augustinismus und dem Jansenismus feindliche pelagianische Strömung hindurchgeht – die Vergötzung des Fortschritts und die revolutionären Ideologien sind ihre Endstation –, nach der wir eine Masse aus lauter potentiell Erwählten bilden, von der Erbsünde unabhängig, nach Wunsch bildsam, zum Guten prädestiniert, jeder Vollkommenheit fähig. Das Manifest von Robert Owen verheißt uns ein System, das geeignet sei, »einen neuen *Geist* und einen *neuen* Willen im ganzen Menschengeschlecht zu schaffen und auf diese Weise jeden mit unwiderstehlicher Notwendigkeit dahin zu bringen, daß er konsequent, vernünftig, gesund im Urteilen und Verhalten wird«.

Pelagius geht wie seine entfernten Schüler von einer wild optimistischen Anschauung unserer Natur aus. Aber es ist keineswegs bewiesen, daß der Wille *gut* ist; es ist sogar gewiß, daß er es ganz und gar nicht ist, der neue ebensowenig wie der alte. Nur Menschen mit mangelndem Willen sind spontan gut; die andern müssen sich darum bemühen, und nur um den Preis von Anstrengungen, die ihnen das Leben verbittern, wird es ihnen gelingen. Das Böse ist untrennbar mit der Tat verbunden, und es ergibt sich, daß unsere Unternehmungen sich notwendigerweise *gegen* jemand oder etwas richten; äußerstenfalls gegen uns selbst. Doch für gewöhnlich, darauf bestehen wir, *will* man nur auf Kosten anderer. Weit davon entfernt, mehr oder weniger Auserwählte zu sein, sind wir mehr oder weniger Verstoßene. Willst du eine Gesellschaft gründen, wo die Menschen einander keinen Schaden mehr zufügen? Dann darfst du nur Willenlose darin aufnehmen.

Im ganzen haben wir nur die Wahl zwischen einem kranken Willen und einem bösen Willen; der eine ausgezeichnet, weil geschlagen, erstarrt, unwirksam; der andere schädlich, also umgetrieben, von einem dynamischen Prinzip eingenommen: dieser ist es, der das Fieber des Werdens wachhält und die Ereignisse hervorruft. Nimm ihn dem Menschen weg, wenn du auf das Goldene Zeitalter hoffst! Das hieße soviel wie ihn seines Wesens enteignen, denn sein ganzes Geheimnis wohnt in diesem Trieb, Schädliches zu tun, ohne den er nicht zu begreifen wäre. Störrisch gegen sein Glück wie gegen das der andern, handelt er so, als wünschte er die Einrichtung einer idealen Gesellschaft; wäre sie verwirklicht, würde er in ihr nicht atmen können, denn die Unannehmlichkeiten der Sattheit sind unvergleichlich viel größer als die des Elends. Er liebt die Spannung, das fortwährende Unterwegssein: auf welches Ziel sollte er losgehen im Innern der Vollkommenheit? Da er zur ewigen Gegenwart unfähig ist, fürchtet er deren Monotonie, diese Klippe beider Paradiese, des religiösen und des utopischen. Sollte nicht die Geschichte in ihrem letzten Sinn das Ergebnis unserer Furcht vor der Langeweile sein, dieser Furcht, die uns immer wieder das Pikante und Neue des Unheils hätscheln und jede Art von Mißgeschick der Stagnation vorziehen läßt? Die Besessenheit vom Niedagewesenen ist das Prinzip, das unser Seelenheil zerstört. Unser Weg führt um so rascher der Hölle entgegen, je weiter wir uns vom vegetativen Leben entfernen, dessen Passivität uns den Schlüssel für alles liefern sollte, die höchste Antwort auf alle unsere Fragestellungen; das Grauen, das es uns einflößt, hat aus uns diese Horde von Kulturmenschen gemacht, von allwissenden Ungeheuern, denen das Wesentliche unbekannt bleibt. In der Verlangsamung ausharren, nichts als dahinleben, die Ungerechtigkeit des Daseins mit Würde ertragen, sich der Erwartung, dem Drang der Hoffnung entziehen, einen Schwebezustand zwischen Aas und Atem zu halten suchen – um dies zu können, sind wir korrumpiert und zu gehetzt. Wahrhaftig, nichts wird uns je mit der Langeweile versöhnen. Um weniger rebellisch zu sein, müßten wir durch irgendeine Hilfe von oben eine Fülle ohne Ereignisse kennenlernen, die Wollust des unveränderlichen Augenblicks, die Beglückung der Identität. Doch eine solche Gnade ist unserer Natur so entgegengesetzt, daß wir nur allzu erfreut sind, sie nicht zu empfangen. An die Verschiedenheit gekettet, schöpfen wir darin jene gleichbleibende Summe von Enttäuschungen und Zwiespälten, die unsere Instinkte so nötig haben. Wären wir von Sorgen und von jeder Fessel befreit, dann würden wir uns selbst preisgegeben sein; der Taumel, den wir daraus gewännen, würde uns tausendmal schlimmer machen als jetzt unsere Knechtschaft. Dieser Aspekt unserer Bresthaftigkeit entging den Anarchisten, diesen bisher letzten Pelagianern, wenn es sie auch über ihre Vorgänger erhob, daß sie die Freiheit anbeteten und deshalb alle Staatsgemeinschaften, die »idealen« zuallererst, verwarfen, um sie durch eine neue Vielfalt von Chimären abzulösen, die glänzender und unwahrscheinlicher als die alten waren. Sie lehnten sich gegen den Staat auf und forderten seine Abschaffung, weil sie in ihm ein Hindernis für die Ausübung eines im Grunde guten Willens erblickten; nun, gerade weil der Wille böse ist, kam der Staat zur Welt; verschwände der Staat, dann würde der Wille sich ohne jede Einschränkung am Bösen freuen. Trotzdem bleibt ihre Idee, jede Autorität abzuschaffen, eine der schönsten, die jemals gedacht worden sind. Daß der Menschentyp, der eine solche Idee verwirklichen wollte, ausgestorben ist, wird man nie genug beklagen können. Aber vielleicht mußten sie erlöschen und verschwinden in einem Jahrhundert wie dem unseren, das alles tut, um ihre Theorien und ihre Vorhersagen zu entkräften. Sie verkündigten die Ära des Individuums: nun, das Individuum geht seinem Ende entgegen ... die Abschaffung des Staates: aber nie war er stärker und anspruchsvoller ... das Zeitalter der Gleichheit: hereingebrochen ist das Zeitalter des Terrors. Alles kommt mehr und mehr herunter. Selbst unsere Attentate haben im Vergleich zu den ihren an Rang eingebüßt: wenn man hin und wieder noch welche zu begehen bereit ist, dann fehlt ihnen jener Hintergrund des Absoluten, der mit den ihrigen versöhnen konnte, und mit wieviel Sorgfalt und Brio wurden sie jedesmal ausgeführt! Heute ist niemand da, der mit Bombenanschlägen die Aufrichtung der »universellen Harmonie« durchsetzen will, dieser kapitalen Fiktion, von der wir nichts mehr erwarten ... Was könnten wir übrigens davon erhoffen, am Höhepunkt des Eisernen Zeitalters, auf dem wir angelangt sind? Die Empfindung, die jetzt vorherrscht, ist die Ernüchterung, Summe unserer gescheiterten Träume. Uns bleibt nicht einmal der Trost, an die aufbauenden Kräfte der Zerstörung zu glauben, weil wir, als Anarchisten außer Dienst, ihre Dringlichkeit und zugleich ihre Nutzlosigkeit begriffen haben.

VI

Anfangs rechnet das Leiden mit dem Goldenen Zeitalter auf Erden, sucht sich daran zu klammern, fixiert sich gewissermaßen darauf; doch je mehr es sich verschlimmert, um so weiter entfernt es sich davon, um sich nur noch an sich selbst zu binden. Erst war es der Spießgeselle der utopischen Systeme, jetzt wendet es sich gegen sie, erkennt in ihnen eine tödliche Gefahr für die Erhaltung seiner eigenen Schrecken, deren Reiz es zu entdecken begann. Wie Dostojewskijs Held aus dem *Kellerloch* wird es für das Chaos eintreten, sich gegen die Vernunft auflehnen, gegen das »zweimal zwei ist vier«, gegen den »Kristallpalast«, die Lösung, die das Phalansterium anbietet.
Wer der Hölle begegnet ist, dieser Planwirtschaft des Unglücks, wird ihre furchtbare Entsprechung im Idealstaat wiederfinden, dem Glück für alle, das jedem widersteht, der viel gelitten hat: Dostojewskij zeigte sich ihm feindlich bis zur Unduldsamkeit. Mit zunehmendem Alter sollte er sich mehr und mehr durch die Opposition zu den fourieristischen Ideen seiner Jugend definieren; er konnte sich nicht verzeihen, daß er sich ihnen verschrieben hatte, und rächte sich an seinen Romanhelden, den übermenschlichen Karikaturen seiner ersten Illusionen. An ihnen verabscheute er seine ersten Irrtümer, die Konzessionen, die er der Utopie gemacht hatte, doch sollten eine Anzahl ihrer Grundmotive ihn auch weiterhin verfolgen: wenn er mit dem Großinquisitor die Menschheit aufteilt in eine glückliche Herde und eine gequälte, klarsichtige Minderheit, die deren Verhängnisse auf sich nimmt, oder wenn er mit Peter Werkowenski aus Stawrogin den geistigen Führer der künftigen Staatsgemeinschaft machen will, einen revolutionären und atheistischen Oberprie-

ster, ließ er sich da nicht von dem »Priesterstand« inspirieren, den die Saint-Simonisten über die »Produzenten« stellten, oder von dem Projekt des »Père Enfantin«, Saint-Simon selbst zum Papst der neuen Religion zu erheben? Er vergleicht den Katholizismus mit dem »Sozialismus«, setzt beide sogar gleich, einer Optik entsprechend, die teils Methode, teils Delirium ist, eine eminent slawische Mischung. Im Verhältnis zum Okzident steigert sich in Rußland alles um einen Grad: der Skeptizismus wird hier zum Nihilismus, die Hypothese zum Dogma, die Idee zur Ikone. Tschigaleff bringt nicht weniger Unsinnigkeiten vor als Cabet; doch er legt einen Ingrimm hinein, den man bei seinem französischen Vorbild nicht findet. »Nicht ihr seid mehr von Zwangsvorstellungen besessen, wir allein haben sie noch«, so scheinen die Russen zu den Okzidentalen zu sagen, mit der Stimme Dostojewskijs, dieses Besessenen *par excellence*, der wie alle seine Personen einem einzigen Traum untertan war: dem Traum vom Goldenen Zeitalter, ohne den, versichert er uns, »die Völker nicht leben wollen und nicht einmal sterben können«. Er selbst zwar, er erwartet keine Realisierung in der Geschichte, er fürchtet im Gegenteil die Annäherung, ohne sich doch dadurch auf die Seite der »Reaktion« zu schlagen, denn er fürchtet den »Fortschritt« nicht im Namen der Ordnung, sondern des Eigensinns, des Rechtes auf Eigensinn. Das kommende Paradies hat er zurückgewiesen, vermag er das andere, das unvordenkliche, zu *retten?* Er macht daraus das Thema eines Traumes, den er nacheinander Stawrogin, Wersiloff und den »lächerlichen Menschen« träumen läßt.

»Im Dresdner Museum hängt ein Bild von Claude Lorrain, das im Katalog unter dem Titel *Acis und Galathea* aufgeführt wird... Dieses Bild sah ich im Traum, jedoch nicht als Bild, sondern als Wirklichkeit. Ebenso wie auf dem Bild handelte es sich um einen Winkel des griechischen Archipels, und ich war, scheint es, mehr als dreitausend Jahre zurückversetzt. Blaue, schmeichelnde Fluten, Inseln und Felsen, blühende Küsten; von weitem ein be-

rückendes Panorama, der Anruf des Sonnenunterganges... Dies hier war die Wiege der Menschheit... Die Menschen erwachten und schliefen ein, glücklich und unschuldig; die Haine klangen wider von ihren Freudengesängen, der Überschuß ihrer Kraftfülle ergoß sich in die Liebe, in die naive Freude. Und ich fühlte es und sah vor mir die unermeßliche Zukunft, die sie erwartete und die sie nicht einmal zu ahnen vermochten, und mein Herz erschauerte bei diesen Gedanken.« *(Die Dämonen)*
Wersiloff seinerseits träumt den gleichen Traum wie Stawrogin, jedoch mit dem Unterschied, daß der Sonnenuntergang ihm plötzlich nicht mehr als der des Anbeginns erscheint, sondern als der des Endes der »europäischen Menschheit«. Im *Jüngling* verdüstert sich, wie man sieht, das Bild ein wenig; im »Traum eines lächerlichen Menschen« wird es sich ganz und gar verfinstern. Hier werden das Goldene Zeitalter und seine Klischees mit mehr Schwung und Detailtreue dargestellt als in den beiden früheren Träumen: eine Vision Claude Lorrains, kommentiert durch einen sarmatischen Hesiod. Wir befinden uns auf der Erde, »ehe sie vom Sündenfall befleckt wurde«. Die Menschen lebten hier »in einer Art universeller und gegenseitiger Liebesglut«, hatten Kinder, aber ohne die Greuel der Wollust und des Gebärens zu kennen, sie wanderten durch die Wälder, Hymnen singend, und in beständiger Ekstase wußten sie nichts von Eifersucht, Zorn, Krankheiten usw. All das bleibt noch im Herkömmlichen. Zu unserem Glück sollte das ihrige, das ewig zu währen schien, sich in der Anfechtung haltlos erweisen: der »lächerliche Mensch« kam zu ihnen und pervertierte sie alle. Mit dem Auftreten des Bösen verschwinden die Klischees, das Bild wird lebendig. – »Wie eine ansteckende Krankheit, wie ein Pestatom, das ein ganzes Reich verseuchen kann, so infizierte ich durch meine Gegenwart eine Erde voller Wonnen, die bis zu meinem Erscheinen unschuldig gewesen war. Sie lernten lügen, die Lüge gefiel ihnen, und sie lernten die Schönheit der Lüge kennen. Vielleicht begann das alles ganz harmlos, als einfacher Scherz, aus Koket-

terie, eine Art gefälliges Spiel, und vielleicht tatsächlich vermittels irgendeines Atoms, doch dieses Atom von Lüge schlich sich in ihr Herz ein und erschien ihnen liebenswürdig. Kurz darauf entstand die Wollust; die Wollust erzeugte die Eifersucht, die Eifersucht die Grausamkeit... Ach ich weiß nicht wie, ich kann mich nicht erinnern, aber bald, ganz plötzlich, spritzte das Blut in erster jäher Befleckung: sie waren erstaunt, erschrocken, sie begannen einander zu meiden, sich zu trennen. Es bildeten sich Bündnisse, die aber jetzt gegen die andern gerichtet waren. Vorwürfe und Schmähreden waren zu hören. Sie lernten, was die Scham ist, und machten aus der Scham eine Tugend. Das Gefühl der Ehre entstand bei ihnen und schwang seine Standarte über jedem Bündnis. Sie begannen die Tiere zu mißhandeln, und die Tiere entfernten sich von ihnen, zogen sich in die Tiefe der Wälder zurück und wurden ihnen feindlich. Eine Ära von Kämpfen tat sich auf zugunsten des Partikularismus, des Individualismus, der Persönlichkeit, der Unterscheidung von Dein und Mein. Es gab verschiedene Sprachen. Sie lernten die Traurigkeit kennen und liebten die Traurigkeit; sie trachteten nach dem Leiden und sagten, die Wahrheit erwirbt man nur durch Leiden. Und die Wissenschaft hielt ihren Einzug bei ihnen. Böse geworden, fingen sie an von Brüderlichkeit und Menschlichkeit zu reden und diese Ideen zu begreifen. Verbrecher geworden, erfanden sie die Gerechtigkeit und diktierten Gesetzbücher, um sie zu erhalten; um dann die Achtung vor diesen Gesetzbüchern zu sichern, errichteten sie die Guillotine. Sie hatten nur eine unbestimmte Erinnerung an das, was sie verloren, sie wollten nicht einmal mehr glauben, daß sie einst unschuldig und glücklich gewesen waren. Sie hörten nicht auf, über die Möglichkeit ihres alten Glücks zu spotten, das sie einen Traum nannten.« (Siehe *Tagebuch eines Schriftstellers*)

Doch es kommt noch schlimmer: Sie begannen zu entdecken, daß die Erkenntnis des Lebens wertvoller sei als das Leben und die Erkenntnis der »Gesetze des Glücks« wertvoller als das

Glück. Von da ab waren sie verloren; als der »lächerliche Mensch« sie durch das Teufelswerk der Wissenschaft mit sich selbst entzweite, als er sie aus der ewigen Gegenwart in die Geschichte stürzte, hat er da nicht ihnen gegenüber die Irrtümer und die Torheiten des Prometheus erneuert?

Nachdem seine Missetat erst einmal vollbracht ist, sieht man ihn unter dem Stachel der Reue einen Kreuzzug predigen für die Wiedereroberung dieser Welt voller Wonnen, die er eben erst zugrundegerichtet hat. Er läßt sich darauf ein, aber er glaubt nicht wirklich daran. Auch der Autor nicht, hat man den Eindruck: Kaum hat er die Formeln des Zukunftsglaubens von sich gewiesen, wendet er sich seiner Lieblingsbesessenheit zu, der unvordenklichen Glückseligkeit, aber nur, um ihre Wesenlosigkeit, ihren phantasmagorischen Schein zu entlarven. Von seiner Entdeckung niedergeschmettert versucht er zwar, ihre Wirkungen abzuschwächen, seine Illusionen wiederzubeleben, seinen liebsten Traum, und wäre es auch nur in der Idee, zu retten. Doch es gelingt ihm nicht, er weiß es so gut wie wir alle, und wir entstellen seine Gedanken kaum, wenn wir behaupten, daß sie ihn zu der Schlußfolgerung der *doppelten Unmöglichkeit des Paradieses* führten.

Übrigens, ist es nicht bezeichnend, daß er, um die idyllische Landschaft der drei Versionen des Traumes zu beschreiben, zu Claude Lorrain greifen mußte, dessen abgestandene Bezauberungen er ganz wie auch Nietzsche geliebt hat? (Welchen Abgrund läßt eine so verblüffende Vorliebe ahnen!) Aber von dem Augenblick an, wo es sich darum handelt, die Zersetzung des ursprünglichen Glücks auszumalen, die Kulissen und den Taumel des Sündenfalls, macht er bei niemand mehr Anleihen, schöpft er aus sich selbst, weist jede fremde Einflüsterung von sich; er hört sogar auf zu phantasieren und zu träumen, er *schaut*. Und endlich findet er sich wieder in seinem Element, mitten im Eisernen Zeitalter, demzuliebe er den »Kristallpalast« bekämpft und Eden geopfert hatte.

VII

Wenn eine so zuständige Stimme uns über die Hinfälligkeit des alten und die Nichtigkeit des künftigen Zeitalters belehrt hat, werden wir genötigt sein, daraus die Konsequenzen zu ziehen und uns weder durch die Phantasien des Hesiod noch durch die des Prometheus mehr ködern zu lassen, geschweige denn durch die Synthese beider, die von den Utopien versucht worden ist. Die Harmonie, ob universell oder nicht, hat es nie gegeben und wird es nie geben. Was die Gerechtigkeit anlangt, so müßte man, um sie für möglich zu halten, ja um sie sich nur einfach denken zu können, das Geschenk einer übernatürlichen Verblendung empfangen haben, einer ungewohnten Erwähltheit, einer durch teuflische Gunst verstärkten göttlichen Gnade, und man müßte noch darüber hinaus mit einem Aufwand an Großmut im Himmel und in der Hölle rechnen dürfen, der in höchstem Maße unwahrscheinlich ist, und zwar von der einen Seite ebenso wie von der andern. Nach dem Zeugnis von Karl Barth könnten wir »nicht einen Hauch von Leben behalten, wenn uns in unserem tiefsten Innern nicht diese Gewißheit bliebe: Gott ist gerecht«. – Dennoch gibt es Menschen, die immer noch leben, ohne diese Gewißheit zu kennen, sogar ohne sie jemals gekannt zu haben. Was ist ihr Geheimnis? Da sie wissen, was sie wissen, durch welches Wunder atmen sie noch?

So unerbittlich unsere Weigerungen sind, wir zerstören die Gegenstände unseres Heimwehs nicht ganz und gar: unsere Träume überleben unser Erwachen und ihre Deutungen. Wir haben zwar aufgehört, an die geographische Wirklichkeit des Paradieses oder an seine verschiedenen Darstellungen zu glauben, aber es wohnt deswegen nicht weniger als eine höchste Gegebenheit in uns, als eine Dimension unseres ursprünglichen Ich; es handelt sich jetzt nur darum, es da drinnen zu entdecken. Wenn wir dorthin gelangen, treten wir in jenen Glanz ein, den die Theologen das *Wesentliche* nennen; aber nicht Gott sehen wir von

Angesicht zu Angesicht, sondern die ewige Gegenwart, erobert im Sieg über das Werden und über die Ewigkeit selbst... Was liegt dann noch an der Geschichte! Sie ist nicht der Sitz des Wesens, sie ist dessen Abwesenheit, ist Allverneinung, der Bruch des Lebendigen mit sich selbst; da wir nicht aus demselben Stoff modelliert sind wie sie, widersteht es uns, noch an ihren Konvulsionen mitzuwirken. Ihr steht es frei, uns zu zermalmen, doch wird sie nur unsere äußere Erscheinung und unsere Unreinheit erfassen können, diese Zeitreste, die wir immer mit uns herumschleppen, Sinnbilder des Scheiterns, Zeichen der Unerlöstheit.

In uns müssen wir das Heilmittel für unsere Übel suchen, in dem zeitlosen Prinzip unserer Natur. Wenn die Irrealität eines solchen Prinzips demonstriert und bewiesen wäre, dann würden wir unwiderruflich verloren sein. Welche Demonstration, welcher Beweis könnten sich aber gegen die innerste, leidenschaftliche Überzeugung halten, daß ein Teil unseres Wesens sich der Zeit entzieht, gegen den Einbruch jener Augenblicke, in denen Gott eins wird mit einer plötzlich aus unseren Begrenzungen aufsteigenden Klarheit, einer Seligkeit, die uns weit über uns hinauswirft, einem Ergriffensein außerhalb des Alls? Weder Vergangenheit noch Zukunft; die Jahrhunderte versinken, die Materie dankt ab, die Finsternisse sind ausgeschöpft; der Tod erscheint lächerlich, und lächerlich sogar das Leben. Hätten wir diese Ergriffenheit auch nur ein einziges Mal erlebt, würde es genügen, um uns mit unserer Schande und mit unserem Elend auszusöhnen, deren Lohn sie sicherlich bedeutet. Es ist, als sei die *ganze* Zeit zu uns gekommen, ein letztes Mal, vor dem Verschwinden... Unnötig, dann noch zurückzusteigen zum alten Paradies oder vorauszulaufen zur Zukunft: das eine ist unwiederbringlich, die andere nicht zu verwirklichen. Wichtig ist dagegen, das Heimweh oder die Erwartung nach innen zu verlegen – denn sie werden notwendigerweise betrogen, wenn sie sich nach außen wenden – und sie zu zwingen, in uns das Glück

zu entdecken oder zu erschaffen, dem wir nachtrauern oder auf das wir hoffen. Kein Paradies – wenn nicht im tiefsten Innern unseres Wesens, gleichsam im Ich des Ichs; außerdem muß man, um es zu finden, die Reise durch alle Paradiese gemacht haben, die verflossenen und die möglichen, man muß sie geliebt und gehaßt haben mit der Ungeschicklichkeit des Fanatismus, geprüft und dann verworfen mit der Kennerschaft der Enttäuschung.
Wendet man ein, daß wir nur ein Phantom durch ein anderes ersetzen – die ewige Gegenwart, an die wir denken, sei nicht mehr wert als die Fabeln des Goldenen Zeitalters, und das ursprüngliche Ich, die Grundlage unserer Hoffnungen, ziehe das Vakuum an und sei ihm zu guter Letzt gleichzusetzen? Meinetwegen! Aber enthält ein Vakuum, das die Fülle spendet, nicht *mehr* Realität als die Geschichte in ihrer Gesamtheit?

CIP-Kurztitelaufnahme der Deutschen Bibliothek

Cioran, Emile M.:
Geschichte und Utopie / E. M. Cioran.
[Autoris. Übers. aus d. Franz. von Kurt Leonhard].
– 2. Aufl. – Stuttgart: Klett-Cotta, 1979.
Einheitssacht.: Histoire et utopie ⟨dt.⟩
ISBN 3-12-901781-X